AF331099

AUJOURD'HUI

ET

DEMAIN

AUGUSTE VACQUERIE

Quatrième édition

PARIS

MICHEL LÉVY FRÈRES, ÉDITEURS

ET BOULEVARD

À LA LIBRAIRIE NOUVELLE

AUJOURD'HUI

ET

DEMAIN

AUGUSTE VACQUERIE

AUJOURD'HUI

ET

DEMAIN

QUATRIÈME ÉDITION.

PARIS

MICHEL LÉVY FRÈRES, ÉDITEURS

RUE AUBER, 3, ET BOULEVARD DES ITALIENS, 15

A LA LIBRAIRIE NOUVELLE

1875

1

UNE FÊTE

———

C'était fête à Bangkok. Bangkok est la capitale du royaume de Siam. Le royaume de Siam est ce pays de l'Indo-Chine où la polygamie n'est pas un cas pendable; où l'on s'étonne d'entendre dire à un riche Européen qu'il n'a qu'une femme, et pas d'éléphant; où le roi peut épouser ses sœurs et aussi ses filles; où la reine, quand une de ses dames est accusée de médisance ou d'indiscrétion, lui fait coudre les lèvres; où l'on traite les maladies contagieuses en frappant l'air à coups de couteau; où l'on entretient à la cour un éléphant blanc et un singe blanc qui ont leur garde, qui prennent rang immédiatement après les princes du sang, qu'on sert dans de la vaisselle d'or, qu'on endort tous les soirs au son d'instruments variés, et auxquels, lorsqu'ils meurent, on rend les mêmes honneurs qu'aux plus grands de l'empire.

C'était fête à Bangkok. Une foule parée et parfumée se pressait sur la place du palais. Mandarins aux chapeaux pointus et aux chemises de mousseline, bateliers aux torses nus et vernissés de safran, Birmanes fières de leurs tuniques brodées, Malaises en sarrau d'étoffe brune et la poitrine chargée de colliers faits avec des vertèbres de serpent, hommes, femmes, enfants, se coudoyaient devant le palais colossal au fond duquel trônent les rois de Siam dans un mystère qui n'est pas inutile à la majesté royale.

La fête qui expliquait cette foule était quadruple. On allait appliquer la peine à quatre condamnés, dont trois à mort.

J'éprouve le besoin d'avertir que j'emprunte au *Journal officiel* les détails qui vont suivre

Quatre condamnés. Mais le premier ne compte pas. C'est un incendiaire : on ne va que lui couper le poignet. Les autres sont vraiment intéressants. Le deuxième a tué : on va découper ses entrailles en petits morceaux. Le troisième a trahi le roi. Écoutez. Ce bruit que vous entendez à travers le bruit des voix et des pas, c'est un

miaulement de tigres et un baret d'éléphants.
En effet, tenez, là, au milieu de la place, on a
creusé un grand trou qu'on a empli de bêtes
fauves. Le traître va leur être jeté. Le quatrième
a insulté un dieu. Un dieu siamois. Les dieux
siamois sont des mélanges d'homme et d'oiseau,
en or, en bois, en terre cuite ou en verre, hideusement accroupis dans des niches. Le quatrième
condamné a manqué de respect à un de ces
monstres. Il est bien juste qu'il soit brûlé vif. De
jolies filles, les reins enveloppés d'un pagne étroit
de toile ou de laine, les cheveux libres et rejetés
en arrière, la gorge nue, passent dans la foule
en souriant.

Attention ! voici les condamnés. Ils s'avancent
entre deux files de soldats. Les bourreaux les
suivent avec des haches, des soufflets et de
grands bassins de bronze pleins de charbons. —
Ils sont arrivés. Ils assistent aux apprêts des
bourreaux, qui aiguisent les haches, accrochent
les soufflets, allument les charbons, sans se
hâter.

A la bonne heure ! voilà une justice ! Ce n'est
pas comme chez nous, où la peine de mort s'en
va là-bas, à l'extrémité de la ville, ne prévient
personne, tâche de n'être pas vue, fait son coup
la nuit. A Bangkok, elle ne se cache pas, elle

n'a pas honte, elle appelle toute la ville, elle
prend la plus belle place, la place du palais,
elle s'y étale royalement, en plein midi, elle dit
au soleil : — C'est moi ! Et puis, ce n'est pas
l'escamotage de la guillotine, la surprise d'une
bascule, l'éclair d'un couperet. La justice sia-
moise fait durer le châtiment, et le varie. Elle
est loyalement effroyable. Les entrailles artiste-
ment découpées, la griffe des tigres arrachant
la chair par lambeaux, un homme cuit à petit
feu, voilà des châtiments ! Voilà ce qui peut
s'appeler des exemples ! Quel effet salutaire cela
doit produire sur les assistants ! quelle impres-
sion ineffaçable ils doivent en rapporter chez
eux ! quel ressouvenir terrible de la peur, du
cri, de la résistance, de la rage des suppliciés !

On commence par l'incendiaire. On lui abat
le poing d'un seul coup. Il n'a pas poussé un
cri. Son visage n'a pas eu une contraction. Il
s'éloigne et va se mêler aux curieux, voulant
jouir, lui aussi, du reste de la fête.

Le meurtrier s'est assis sur une pierre. On lui
ouvre le ventre. Il tire de sa poche une banane
et se met à la manger. On lui découpe les entrailles. Il mange. Tout à coup son bras retombe,
il blêmit, et meurt, sans un mot.

C'est le tour du troisième, du traître qui va

être jeté aux bêtes. Il se penche sur la fosse, parle amicalement aux tigres et aux éléphants, les invite à avoir bien faim. Les exécuteurs lui font passer une corde sous les bras et le descendent dans l'antre. « Alors des chocs sourds résonnent ; comme une balle lancée en l'air, une forme humaine apparaît et retombe ; on entend des bris de crâne et de membres ; on devine d'épouvantables déchirements, et à des bruits de piétinements se mêlent des hurlements affreux ; mais pas un cri humain n'est monté du bestiaire. »

Il ne reste plus que l'insulteur de ce qui est un dieu pour les Siamois. Les bourreaux l'étendent sur une planche, l'y attachent solidement, et approchent deux brasiers à droite et à gauche de son front. Puis, avec les soufflets, ils dirigent des jets de flamme sur la tête du patient. Il entonne une chanson impie. « Le misérable a les tempes rongées par les tisons, des flèches horribles lui percent le crâne : n'importe, il chante. » Ses yeux saignent, ses os craquent, son visage se déforme : sa chanson ne cesse qu'avec sa bouche.

Un patient qui, son poing coupé, s'en va voir le supplice des autres, comme un comédien qui n'est que du premier acte et qui, son bout de rôle fini, essuie son rouge et vient dans la salle voir la suite de la pièce, — un autre qui mange pendant qu'on lui taillade le ventre, — un autre qui dit aux bêtes par lesquelles il va être mangé : Bon appétit ! et les encourage à faire honneur à leur déjeuner, qui est lui ; — un autre qui, pendant qu'on le brûle pour sacrilége, chante une chanson impie, — tels sont les exemples que donnent au peuple l'étalage et la férocité de la peine.

Comme cela doit adoucir les mœurs d'un peuple, ces exécutions qui sont des fêtes ! Comme cela doit empêcher les crimes, ces supplices d'où l'on revient avec une vague admiration pour les criminels et en se disant que, s'ils ont mal vécu, ils sont bien morts ! Comme cela doit enseigner le respect de la vie humaine, cette double leçon de mépris de la vie humaine donnée par une loi qui tue avec cette frénésie et par des patients qui meurent avec cette insouciance !

Oui, mais si ça ne se passe pas comme à Bangkok, ça se passe comme à Paris. Si la peine de mort ne choisit pas la place centrale, si elle ne convoque pas la foule, si elle ne provoque pas le soleil, si elle dépêche le condamné dans un coin, avant le jour, sans témoins, si elle ne le montre pas, elle se cache.

Si elle ne lui compose pas un vaste public dont
la curiosité le soutienne et lui souffle la crâ-
nerie, alors, en effet, elle ne donne plus le mauvais exemple d'un condamné qui n'a pas honte
et qui n'a pas peur, mais alors c'est elle qui a
peur et qui a honte. Décidément, la peine de
mort aura du mal à s'en tirer, et c'est une singulière moralisatrice qu'une peine qui n'a le
choix qu'entre ces deux choses : grandir le criminel ou rapetisser la justice.

II

LE 14 JUILLET

———

C'était à la Bastille que le roi de France était vraiment roi.

A Versailles, le parlement venait quelquefois le trouver, au milieu de sa cour, sur son trône, et lui faisait des remontrances, fort humbles, sans doute, fort plates, car ces parlements, durs au peuple, étaient souples au prince. Ces remontrances, le roi les recevait — royalement, refusant de les entendre, faisant déchirer par ses ministres le papier sur lequel elles étaient écrites, exilant et emprisonnant ceux qui avaient l'audace de les lui apporter. Donc, toutes ces velléités de remontrances et d'opposition se terminaient toujours à l'agrément du roi. Mais les emprisonnés sortaient et les exilés rentraient un jour où l'autre, et ils recommençaient à venir ennuyer Sa Majesté à Versailles.

Au lieu qu'à la Bastille le roi était maître absolu. Un homme lui déplaisait : quel que fût cet homme, une lettre de cachet le jetait à la Bastille, et personne n'avait rien à dire. On ne lui disait pas à lui-même pour quel délit c'était, ni à quel supplice il était condamné. Quelquefois c'était à mort, comme ce sieur F. dont parle Pauchet, que le préfet de police Sartines envoya au gouverneur de Launay en lui écrivant simplement que c'était « un très-mauvais sujet »; sur quoi, M. de Launay renvoya chez M. de Sartines pour lui demander « sous quel nom il voulait qu'on l'enterrât ». Le pire n'était pas de mourir. Les tortures étaient telles que, pour étouffer les hurlements du comte de Lally, Pasquier lui fit mettre un bâillon entre les dents, et que Latude resta cent trente-trois heures sans manger ni boire, dans l'espérance de mourir. On ne le laissa pas s'évader dans la tombe; on lui ouvrit la bouche de force avec des clefs, et on le condamna à vivre.

Là, plus d'intervention des parlements ni de personne. On ne savait même pas qui est-ce qui étouffait dans ces affreuses cellules sans air et sans jour, qui est-ce qui pourrissait dans ces monstrueux cachots d'en bas, pleins d'araignées, de rats et de crapauds. L'histoire n'a pas encore levé le Masque de fer. Pour avoir eu connaissance du pacte de Famine, pour n'avoir pas voulu prostituer sa femme ou sa fille à un prince ou à un courtisan, pour s'être moqué d'une des maîtresses du roi ou d'un de ses bâtards, on disparaissait un soir, et les enfants même ne savaient jamais ce que leur père était devenu. C'était le droit de vie et de mort à sa suprême puissance. C'était la propriété entière des existences humaines. C'était la royauté réelle.

A Versailles, le roi avait l'apparat et le corps de la royauté; à la Bastille, il en avait l'âme.

Il y a aujourd'hui quatrevingt-six ans, Paris en eut assez.

La Bastille s'était attendue à l'attaque, et était prête. Depuis plusieurs jours, les tours étaient munies de pavés et de pinces qui abattraient les cheminées sur les assiégeants. Quinze pièces de canon, trois pièces de campagne, douze de ces fusils de rempart qu'on appelait *amusettes du comte de Saxe,* quatre cents biscaïens, quatre coffrets de boulets sabotés, trois mille cartouches, avaient semblé plus que suffisants contre un ramas de populaire. D'ailleurs, la Bastille, inaccessible derrière ses deux fossés, se défendrait toute seule.

Deux citoyens se laissèrent glisser, du toit d'un parfumeur, sur un mur, d'où ils sautèrent dans la première cour. Deux anciens soldats firent comme eux. A quatre, ils brisèrent les chaînes du premier pont-levis, et le peuple se précipita. Une décharge de mousqueterie fit quinze ou vingt blessés, et la colère commença.

L'attaque fut héroïque et la résistance désespérée. On sentait dans les assaillants l'âme de Paris tout entière. Il y avait là des ouvriers, des marchands, des prêtres, des soldats, des femmes. Un coup de canon à mitraille blessa une jeune fille qui, n'ayant pu retenir son amant, était venue avec lui. On mourait grandement. La dernière parole d'un blessé à mort fut : « Tenez bon, mes amis, vous la prendrez! » La fusillade des assiégeants ne réussissait guère contre des murs de dix ou douze pieds d'épaisseur, mais il leur vint deux pièces de quatre, un canon damasquiné en argent pris au garde-meuble, un mortier, puis deux autres canons. On en braqua deux contre l'entrée de la forteresse, et bientôt la garnison se sentit perdue. Le gouverneur, sans illusion sur le sort qui lui était réservé, voulut au moins ne pas mourir seul ; il prit la mèche d'une des pièces de canon de la cour intérieure et s'en alla aux poudres ; c'était l'anéantissement du faubourg Saint-Antoine... Deux officiers le firent reculer, la bayonnette sur la poitrine. Alors il se rendit.

Le peuple la tenait donc, cette Bastille exécrée ! Il se hâta de la démolir, et, le 14 juillet suivant, à la place même où tant de malheureux avaient subi de si longues agonies, un bal national illuminait le soir cette inscription : — *Ici l'on danse.*

Il n'y a pas dans toute la Révolution une plus grande date que le 14 juillet.

C'est ce jour-là qu'il a été déclaré que personne n'est la propriété de personne, et qu'il n'appartient à aucun individu de saisir qui bon lui semble, sans jugement, sans procès, et d'en faire ce que bon lui semble. C'est ce jour-là que le passé est mort. La prise des Tuileries n'a été que la conséquence et le complément de la prise

de la Bastille. Les Tuileries n'étaient que le palais
du roi ; la Bastille était l'antre de la royauté.

Le 14 juillet est un fait plus profondément
révolutionnaire que le 21 janvier. L'exécution
de la place de la Révolution a décapité Louis XVI ;
la démolition de la place de la Bastille a décapité
la monarchie.

Ne manquons donc jamais de la saluer au passage, cette grande date, qui est la vraie date de
la libération. Acclamons, toutes les fois qu'il
revient, ce jour immortel où tous ont cessé d'être
le bétail et la chose d'un seul, et qui a fait de ce
bétail des citoyens et de cette chose des hommes.
Fêtons du plus profond de notre cœur cet anni-
versaire de la naissance morale du genre humain.

Et quand Paris eut forcé les portes, réduit la
garnison, délivré les prisonniers, arraché du sol
cet infâme tas de pierres qui avait pesé sur tant
de générations, Paris crut qu'il avait démoli la
Bastille.

Et, quelques années plus tard, on se remettait
à la rebâtir, non plus avec du granit, mais avec
ce qui est plus dur, avec l'erreur, avec le men-

songe, avec l'histoire faussée, avec le progrès
calomnié, avec l'imbécillité du pauvre tas humain. Et, chaque année, cette Bastille-là monte
d'une assise, et, si on n'y veillait pas, on risque-
rait de la voir se dresser dans le ciel orageux,
plus haute et plus noire que l'autre.

C'est la vraie Bastille. Quel cachot, la supersti-
tion! quel cul-de-basse-fosse, l'ignorance! Cette
forteresse-là est pire que l'ancienne. Que d'intelligences emprisonnées sans air et sans jour,
scellées au mur des préjugés, courbées par la
voûte qui ne leur laisse pas la place de se mettre
debout, buvant à la cruche fétide, en proie à tous
les reptiles, accroupies dans leur ordure! Ah!
délivrons-les!

A l'assaut, encore une fois! A l'assaut du passé
sous une autre forme, à l'assaut de la Bastille
immatérielle! Achevons ce qu'a commencé le
14 juillet, suivons le glorieux exemple qu'il nous
a donné, brisons les chaînes des ponts-levis,
enjambons les fossés, ouvrons la porte aux prisonniers, et faisons du lieu où l'on agonisait le
lieu où l'on danse! A l'assaut du mensonge, de
la misère, de l'intolérance! Dressons ces échelles,
les idées! Ayons aussi notre canon en argent
damasquiné, le livre! Braquons la presse, l'école,
la tribune, le théâtre! Mettons en batterie l'en-

seignement universel! Attaquons la forteresse de
tous les côtés, bombardons-la de vérités, fou-
droyons-la de lumière! Et nous entrerons comme
nos pères, et ce sera cette fois seulement que la
Bastille sera démolie.

III

LE SUFFRAGE UNIVERSEL

Un des principaux torts dont les partis rétrogrades accusent le suffrage universel, c'est de ne tenir aucun compte des inégalités d'intelligence et d'éducation ; c'est de donner la même part de souveraineté à l'homme inculte qu'au lettré ; c'est de rabaisser le supérieur au niveau de l'inférieur. Et comme les supérieurs et les cultivés sont en minorité, les ennemis de l'universalité du suffrage en concluent qu'elle n'est pas même l'égalité du supérieur et de l'inférieur, qu'elle est l'écrasement de l'intelligence par le nombre.

Rien de plus faux que cette accusation. Non-seulement l'universalité du suffrage n'est pas l'écrasement de l'intelligence, mais elle est, au contraire, la seule condition électorale qui laisse à l'intelligence son droit et son action.

Oui, le vote universel met le bulletin aux mains de tous, sans demander à personne un diplôme de bachelier, ni un brevet de capacité. Oui, il tend le même scrutin à l'homme de peine qu'à l'homme d'État, à l'ignorant qu'au lettré, à l'esprit fermé qu'à l'esprit ouvert. Oui, les lettrés sont la minorité, et les ignorants sont la masse. Mais cette masse, est-ce que, vous qui pensez, vous qui savez, vous n'avez pas la permission de lui parler, de la conseiller, de la convaincre? Est-ce que vous n'êtes pas libres de profiter de tous les avantages que vous donnent l'instruction, l'autorité de la lumière, vos facultés accrues par l'étude, toutes vos supériorités naturelles et sociales? Tout homme éclairé rayonne autour de soi. Par les livres, par les journaux, par les discours, par la conversation, quiconque a une idée la répand dans plus ou moins de cerveaux. Pas d'homme un peu éminent qui n'ait une influence, proportionnée à sa taille. Qui sait la quantité de convictions flottantes qu'un grand esprit décide avec une parole?

Au temps du suffrage restreint, l'intelligence

avait bien, en apparence, les mêmes moyens de propagande qu'elle a maintenant. Le journaliste avait le journal, l'écrivain avait le livre. Mais il leur manquait une chose sans laquelle le reste n'est rien : le public.

Non pas le grand public, le pays; mais le pays, à quoi bon? Le pays ne votait pas. Il y avait alors le pays légal, deux cent mille électeurs, qui étaient à eux seuls toute la France. C'est sur ces électeurs-là qu'il aurait fallu agir. Et sur ces électeurs privilégiés, donc infatués, propriétaires du scrutin, seigneurs du vote, riches, satisfaits, quelle action pouvaient avoir des écrivains qui, la plupart du temps, n'étaient pas même élec- teurs? On dit du ventre affamé qu'il n'a pas d'oreilles; on pourrait le dire plus justement encore du ventre repu. Les censitaires, debout au sommet de leur colonne d'écus, n'écoutaient même pas ces voix d'en bas qui leur arrivaient comme un vague bruit importun ; ils se dresssaient majestueusement dans leur ciel électoral, où ils causaient avec ces planètes, les éligibles, et ces soleils, les ministres, et laissaient les journalistes et les poëtes grouiller le long de leur piédestal, où ils avaient eu soin de faire mettre cette inscription : — Défense, sous peine d'amende, de déposer des idées le long de la grille.

Au lieu que maintenant les électeurs sont la grande foule, à qui les grandes voix peuvent parler. Elle écoute, elle, et elle entend. Elle est là, vivante, souffrante, frissonnante à tous les souffles, attentive à toutes les nouveautés, malade du passé, impatiente de l'avenir, confiante parce qu'elle est sincère, et prête, dans l'obscurité où l'ont laissée les gouvernements, à suivre ceux qui lui crient : — Par ici !

Tels sont, depuis l'avénement du suffrage universel, les électeurs auxquels l'intelligence s'adresse. Parlez, écrivez, propagez votre opinion, modifiez l'opinion des autres. Chacun se répand selon sa mesure, les moindres dans plusieurs et les plus grands dans tous. De sorte que la part de souveraineté est en raison de la valeur personnelle, et qu'il y a telle circonstance où, multiplié par les votes qu'il entraîne, l'homme de talent écrit des milliers de bulletins et l'homme de génie des millions.

Voilà ce que les ennemis du suffrage universel appellent l'écrasement de l'intelligence.

La beauté du fait, c'est que cette suprématie de l'intelligence s'exerce sans rien coûter à l'égalité commune ; c'est que l'universalité de suffrage ne soumet le pouvoir matériel que tous ont de voter qu'au pouvoir moral que quelques-uns ont de convaincre. Ainsi, tout est respecté : le droit de l'élite et le droit des masses. L'intelligence gouverne, sans que l'ignorance soit opprimée. L'élite gouverne, mais, condition essentielle, par la persuasion, par la raison, par la lumière, par la volonté générale. Sous le règne du cens, l'argent avait tous les votes, et les avait par usurpation ; sous le gouvernement du suffrage universel, c'est l'intelligence qui les a, et c'est le peuple qui les lui donne. L'universalité du vote a cet immense mérite de concilier la supériorité de quelques-uns avec l'égalité de tous.

IV

LE NOMBRE

Guerre au nombre ! tel est le mot d'ordre de la
majorité parlementaire actuelle. C'est le nombre
qui l'a nommée ; n'importe. La majorité actuelle
n'hésite pas à déclarer qu'un suffrage qui l'a choisie ne peut faire que de mauvais choix et doit être
dépossédé comme incapable et indigne. Cela
serait de la modestie autrement qu'en apparence, si la majorité ne savait pas que le suffrage qui l'a choisie il y a cinq ans ne la choi-
sirait plus maintenant ni jamais.

Le crime du nombre est qu'il ne réélirait pas
la majorité qui légifère à Versailles. Ce crime-là,
le nombre ne s'en défend pas. Il l'a commis
toutes les fois qu'il y a eu des élections partielles,

et il ne demande qu'à le commettre en grand
dans les élections générales. Mais il va sans dire
que ce n'est pas de ce crime-là que les monarchistes l'accusent. Eux se préoccuper de leur
réélection ? Eux penser à eux ? Ce n'est pas leur
intérêt qu'ils prennent, c'est l'intérêt de l'intelligence. Nous leur accordons que, si c'était l'intérêt de l'intelligence, ce ne serait pas le leur.

Nous avons déjà démontré que l'universalité
du suffrage, loin d'être l'écrasement de l'intelligence, en est le relèvement. Nous avons expli-
qué qu'au temps du suffrage restreint c'était
l'argent seul qui votait, et qu'alors l'intelligence
ne pouvait rien sur les quelques milliers d'électeurs, infatués par leur privilége, dont se com-
posait le pays légal. Depuis le suffrage universel,
au lieu de parler, comme sous Charles X et sous
Louis-Philippe, à des électeurs riches, hautains,
barricadés dans leur fortune faite et dans leur
parti pris, hostiles à toute nouveauté, jetant sur
les hommes d'idée le regard dédaigneux et supérieur des hommes d'argent, l'intelligence a
devant elle une masse d'électeurs sympathiques,
vivants, remuants, accessibles à tout, prédispo-
sés par l'instinct à écouter ceux qui savent et
par la souffrance à suivre ceux qui cherchent.
L'essence du suffrage universel est précisément

de mettre une force immense au service de toutes les supériorités. Plaindre l'intelligence d'avoir à compter avec le nombre, c'est plaindre l'amiral d'avoir une flotte, c'est plaindre le général d'avoir une armée.

Dès lors, quel devrait être le souci principal de ceux qui gouvernent? Ce devrait être de rendre le nombre de plus en plus pénétrable à l'intelligence. Ce devrait être de hâter l'enseignement des multitudes, de leur apprendre à lire, de leur apprendre à parler, de leur apprendre à penser. Ce devrait être de multiplier tous les instruments d'éducation. Est-ce cela qu'on fait en préparant des lois contre la librairie, en gênant les bibliothèques populaires, en abattant les journaux par centaines, en interdisant les réunions, en censurant le théâtre, en restreignant autant qu'on peut le rayonnement de la pensée? On trouve que l'intelligence n'agit pas assez sur le nombre, et on lui retire tous ses moyens d'action! On dit que le peuple n'est pas éclairé, on craint que, dans l'obscurité, il ne trébuche à tâtons et ne renverse tout, et on bouche les portes et les fenêtres par où le grand jour entrerait!

Le suffrage universel a ses inconvénients, soit. Il n'y a à ces inconvénients qu'un seul remède : l'enseignement. L'enseignement sous toutes ses formes, voilà le nécessaire. Le pays est majeur, et il ne faut plus songer à le rejeter en tutelle. Il a droit au suffrage, c'est à vous de le mettre en état d'en faire un bon usage. Cela vaudra mieux que de vous exposer, en le lui ôtant, à ce qu'il le reprenne comme il l'a pris en 1848, ou, chose pire, à ce que quelqu'un le lui rende comme en 1851. Cela vaudra mieux que de l'exposer à se jeter encore une fois, par ignorance et par rancune, sur les pas du premier conspirateur qui arborera ce drapeau, la souveraineté de tous ! Encouragez, au lieu de les entraver, tous les modes de propagande intellectuelle. Faites que, par la presse, par la tribune, par le théâtre, par tous les conducteurs de la pensée humaine, la raison de chacun , goutte d'eau, rivière ou fleuve, contribue, dans sa mesure, à grossir l'océan de la raison universelle.

V

LE MANDAT

———

Le mandat impératif est une bonne chose et un mauvais mot. Le mot a un accent hautain et un air d'offense qu'on exploite contre la chose. Prenons la chose sans le mot.

Comment ! nous dit-on, les représentants du peuple ne seraient pas libres ; leurs votes leur seraient dictés ; « ils auraient à consulter autre chose que leur conscience !... » — Hélas ! on en a vu des représentants du peuple qui n'avaient à consulter que leur conscience. M. Émile Ollivier, par exemple. Il avait été élu par les républicains. Un jour, il a « consulté sa conscience », et sa conscience lui a répondu qu'il pouvait aller représenter les républicains aux Tuileries. Cette expérience, et plusieurs autres, ont inspiré au peuple l'idée que la conscience du mandataire n'était peut-être pas une garantie absolument tranquillisante, et qu'il ferait prudemment de ne plus donner sa procuration en blanc.

Mais alors le représentant du peuple sera donc un « commissionnaire » ? s'écrie un journal monarchiste. Les monarchistes nous amusent avec leur dignité. Commissionnaires du peuple ! Pour qui les prend-on ?

Commissionnaires ! Les monarchistes voudraient-ils nous dire ce que sont sous la monarchie les ministres, sinon des commissionnaires qui viennent apporter et soutenir à la tribune les lois de leur maître ? ce que sont les ambassadeurs, sinon des commissionnaires qui vont dire à l'étranger ce dont les a chargés leur souverain ? et ce que sont les préfets, sinon des commissionnaires qui exécutent ponctuellement et servilement les injonctions de leur empereur ou de leur roi ? Tous commissionnaires ! Et les fonctionnaires de tout rang, procureurs généraux, maires, etc., commissionnaires, tous ! tous !

Or, ces commissions-là n'ont pas l'habitude de répugner aux monarchistes. Dès qu'une monarchie essaye de ressusciter, et jusqu'à ce qu'elle soit réintégrée dans sa tombe, leur fierté

sollicite ces commissions, les implore, les men-
die ; ils se les disputent ; ils se les arrachent des
mains ; et nous admirons la majesté de ces gens
qui s'indigneraient d'être les commissionnaires
d'un peuple et qui ambitionnent d'être les commissionnaires d'un homme !

Mais il ne s'agit pas de faire de l'élu un
commissionnaire, il s'agit d'en faire un représentant. L'élection suppose que l'élu est en
communauté d'idées avec les électeurs. Dès lors,
en quoi gêne-t-on sa conscience en lui faisant
prendre l'engagement de défendre des idées qui
sont les siennes ? Oui, mais si, très-honnêtement
et très-sincèrement, il changeait d'idées ? Eh
bien, il n'aurait qu'à donner sa démission. Ce
serait son devoir le plus strict ; car à quel titre
resterait-il le représentant de ses électeurs, s'il
ne les représentait plus ?

Il n'y a donc pas une bonne raison, ni même
un bon prétexte, à invoquer pour contester le
droit des représentés à préciser le mandat de
leurs représentants. En principe, le mandat,
qu'on l'appelle ou non impératif, est la justice
et la nécessité même. Toute la difficulté est de
donner à cette justice et à cette nécessité une
sanction.

Un département républicain envoie à l'Assemblée un républicain qui a promis d'être le spectre du Deux-Décembre. Il s'habille d'un linceul quelque temps. Mais, à un certain moment, comme il est myope, il lui semble que l'empire va durer, et, au lieu de rester son spectre, il aime mieux devenir son ministre. A ce moment, qu'est-ce que peuvent les électeurs? Rien. M. Ollivier n'avait qu'un mandat impératif moral, mais il aurait eu un mandat impératif matériel, que c'eût été la même chose. Quand même on ferait signer aux candidats que, s'ils changent d'opinion, ils rendront leur mandat, — s'ils ne le rendent pas, comment les y obliger? Les électeurs qui les ont nommés les sommassent-ils de se démettre, comment les forcer d'obéir à la sommation ? Et d'abord, comment prouver que les électeurs qui les sommeraient seraient ceux qui les ont nommés? C'est impossible. Et alors, le mandataire est libre, mais le mandant est esclave. Le représentant est maître de faire ce qu'il veut, de manquer au contrat, de fausser ses engagements, de trahir le représenté, de le vendre, de le livrer; le représenté ne peut rien, qu'attendre les élections futures. Une élection est une abdication.

Nous n'en sommes pas moins pour le mandat précisé. S'il n'a pas de sanction contre les mandataires éhontés qui jettent volontiers leur opinion à la première borne où les chiffonniers la ramasseront, il est toujours un empêchement pour ceux qui comptent encore, sinon avec leur conscience, au moins avec la conscience publique. Mais, pour nous, la vraie solution est dans la brièveté du mandat. Ce n'est pas généralement au lendemain de l'élection ni à la veille de la réélection que les mandataires contredisent la volonté de leurs électeurs. La question est donc de ne pas laisser un trop long intervalle entre l'élection et la réélection. Il y aurait moins de variations et moins de trahisons si les Assemblées duraient trois ans au maximum. La brièveté du mandat aurait le double avantage : de diminuer aux mandataires le temps de changer de principes, et de multiplier aux mandants le moyen de changer de mandataires.

VI

LE PRÉTENDU APPEL AU PEUPLE

————

Ah ! oui, le plébiscite.

Nous l'avons vu pratiquer, ce plébiscite, qui est pendant un instant l'hypocrisie de la souveraineté du peuple, pour en être à jamais la négation. Nous la connaissons, cette souveraineté du peuple qui consiste essentiellement dans le droit d'abdiquer. Nous l'avons vu à l'œuvre, ce suffrage universel par qui l'on se fait ouvrir la porte de la maison pour lui dire après : *C'est à vous d'en sortir.*

La souveraineté du peuple est permanente et inaliénable, et tout vote, d'assemblée ou de peuple, qui exproprie un peuple de sa souveraineté, est un vote non avenu. Un peuple ne

peut pas plus se donner qu'un homme ne peut
se vendre. Ces marchés-là sont cassés d'avance
pour vice de fond.

Tous les plébiscites du monde voteraient que
deux et deux font cinq, que nous ne cesserions
pas d'être convaincus que deux et deux font
quatre. Tous les plébiscites du monde nous
diraient qu'un peuple est un troupeau, que nous
nous entêterions à croire qu'un peuple est un
peuple.

Un peuple peut avoir des délégués, il ne peut
pas avoir de maître. La monarchie a eu sa raison
d'être dans le passé; un peuple mineur peut
avoir besoin d'une tutelle ; mais un peuple
majeur qui en redemanderait une s'accuserait
lui-même d'indignité ou d'imbécillité. Et ce
peuple imbécile disposerait des générations
futures, et ce peuple indigne donnerait l'avenir !
Il n'est pas permis à une nation majeure d'abdiquer sa liberté et sa responsabilité. La République n'est pas seulement le droit du peuple,
c'est son devoir.

La meilleure preuve de la nullité des plébiscites qui donnent une nation à une famille,
c'est que les bonapartistes en demandent un.
Si un plébiscite pouvait donner une nation,
est-ce qu'ils n'auraient pas celui de 1870 ? Pour

se rendre compte de ce que valent ces choses-là, on n'a qu'à se souvenir du 4 septembre. Il y avait alors un plébiscite tout neuf. Sept millions de *oui* venaient de faire cadeau de la France à Napoléon III, à Napoléon IV et à tous les Napoléon qui en voudraient. Sans aucun doute, le 4 septembre, les sept millions de sujets qui s'étaient donnés en mai, et qui nous avaient donnés avec eux, se sont levés quand la République est apparue, et ont crié : « Et le plébiscite ? » Sept millions, c'est exiger beaucoup, mais il s'en est levé au moins un million ? cent mille ? cinquante mille ? dix mille ? cent ? dix ? Pas un. Passe pour la tourbe qui avait voté bestialement ; passe encore pour les entrepreneurs et les souteneurs du vote ; passe même pour les valets de toute livrée qui vivaient des miettes de la table. Mais le prince impérial a-t-il dit : « La France s'est donnée à mon père et à moi ; et, si mon père est prisonnier, moi je suis libre ! » Mais lorsqu'on est allé aux Tuileries, a-t-on trouvé l'impératrice sur le seuil, debout et disant : « Je suis chez moi ! » Il n'y avait personne sur le seuil ni dans le palais ; l'impératrice et le prince impérial n'avaient pas attendu qu'on vînt pour « filer sur Belgique ». On n'a pas repris la France à l'empire : il l'a rendue. Voilà comme les votes qui donnent un peuple existent pour ceux mêmes auxquels ils le donnent.

Si un plébiscite pouvait donner une nation, non-seulement les bonapartistes n'auraient pas besoin d'un plébiscite en 1876, mais ils n'en auraient pas eu besoin en 1870 : est-ce qu'ils n'avaient pas celui de 1852? Et ils n'en auraient pas eu besoin en 1852 : est-ce qu'avant les plébiscites du neveu ils n'avaient pas les plébiscites de l'oncle? Est-ce que deux fois, en 1804 et en 1814, un plébiscite n'avait pas donné le pays aux Bonaparte? Pourquoi, ayant ces quatre plébiscites, l'empire en sollicite-t-il un cinquième? Les quatre premiers ne comptent donc pas? Alors, pourquoi le cinquième compterait-il?

Demander aux peuples de se donner, c'est constater qu'ils s'appartiennent. Leur demander de se redonner, c'est constater que ces dons-là sont nuls.

Le plébiscite de 1814 est tombé sur celui de 1804, le plébiscite de 1852 sur celui de 1814, et le plébiscite de 1870 sur celui de 1852 : le cinquième tomberait sur les quatre premiers. Il n'y a pas de droit contre le droit. Il n'y a pas de souverain contre le souverain. Toute usurpation est éphémère. Le 8 mai 1870, on votait l'immortalité à l'empire. Le 4 septembre 1870, l'empire était mort. Durée de cette immortalité-là : *quatre mois moins quatre jours*. Le premier plébiscite impérial a conduit l'empire à l'île d'Elbe; le second à Sainte-Hélène; le troisième et le quatrième, à Chislehurst. A ne regarder que les deux derniers, la progression décroissante de leur durée n'est pas de nature à démontrer la solidité absolue des plébiscites. L'avant-dernier a duré dix-huit ans, le dernier quatre mois : combien le prochain durerait-il de jours?

Si peu qu'il durât, il durerait trop. Nous le répétons, la souveraineté n'est pas seulement le droit du peuple, c'est son devoir; et quand il l'oublie, le fait se charge de le lui rappeler. Les événements ne manquent jamais d'appliquer la peine qu'elles méritent aux nations qui commettent ces lâches abandons d'elles-mêmes; la diminution morale produit la diminution matérielle; et l'on se sent médiocrement excité aux plébiscites en réfléchissant que leur histoire jusqu'à présent peut se résumer ainsi : — quatre plébiscites, trois invasions.

VII

DIALOGUE ENTRE DEUX HOMMES

———

Premier homme. — Monsieur, je voudrais entrer à votre service.

Deuxième homme. — Comme domestique?

Premier homme. — Mieux que ça. Je vas vous expliquer. Je suis fatigué d'avoir à vivre par moi-même. Ça me casse la tête de réfléchir, de prendre des résolutions, de penser au lendemain, de me diriger. Je voudrais repasser tout ce tracas à quelqu'un qui penserait et qui agirait à ma place, qui déciderait pour moi, qui me dirait : va là, et j'irais, qui ferait de moi ce qui lui serait agréable, qui me gouvernerait. Je me donnerais à vous, et pas pour un temps, pour toujours, en toute propriété, sans avoir jamais le droit de me reprendre. Et pas seulement moi, mais tout mon monde, mes parents, ma femme et mes petits. Et pas seulement les enfants que j'ai, mais ceux que j'aurai, et ceux qu'ils auront. Nous vous appartiendrions de père en fils, à vous et à vos enfants. Voilà.

DEUXIÈME HOMME. — Mais c'est ton esclavage que tu me proposes !

PREMIER HOMME. — Appelez la chose du nom que vous voudrez.

DEUXIÈME HOMME. — De quelque nom que je l'appelle, elle est impossible.

PREMIER HOMME. — Pourquoi donc?

DEUXIÈME HOMME. — Nous sommes en France, où l'esclavage est interdit, et dont le sol a ce beau privilége que celui qui serait esclave ailleurs devient libre rien qu'en le touchant.

PREMIER HOMME. — Ah bien! voilà qui est particulier. Je n'ai pas le droit de disposer de moi comme je l'entends! Et s'il me plaît d'être esclave, moi? Je ne suis donc pas libre?

DEUXIÈME HOMME. — Ce serait une singulière liberté que celle qui ferait des esclaves.

PREMIER HOMME. — Mais puisque je m'appartiens, j'ai le droit de me donner!

DEUXIÈME HOMME. — Tu aurais le droit de te donner, que tu n'aurais pas le droit de donner les autres. En vertu de quoi disposerais-tu de tes parents, de ta femme et de tes enfants? Les as-tu consultés? Et ceux qui diraient non? et ceux qui n'ont pas l'âge de raison? et ceux qui ne sont pas nés? Tu donnes les autres comme cela, sans savoir qui, sans savoir à qui? Tu me connais, moi; mais connais-tu mes enfants et les enfants de mes enfants? et si c'étaient des idiots? et si c'étaient des monstres? Tu livres toute ta race à leur imbécillité et à leur férocité! Non-seulement tu n'as pas ce droit horrible, mais toi-même, tu n'as pas le droit de te donner. Tu peux, à la rigueur, te prêter pour un temps, mais t'aliéner, t'abdiquer, te suicider moralement, jamais. La liberté est un devoir. Te faire la propriété d'un autre! Es-tu un homme? C'est déjà une honte d'en avoir eu l'idée, et la rougeur t'en restera au front. Va-t'en, drôle! je ne voudrais pas même de toi pour laquais. Mets-toi à quatre pattes, demande un licou et un bât, marche sous le fouet, et puisses-tu être étranglé par la première touffe de chardon que tu brouteras! Va-t'en!

PREMIER HOMME. — Je m'en vas. Mais que le diable m'emporte, par exemple, si je m'attendais à être reçu de cette manière-là pour avoir voulu vous faire cadeau de trente-six millions d'âmes!

Deuxième homme. — Qu'est-ce que tu dis?

Premier homme. — Adieu, monsieur.

Deuxième homme. — Quel chiffre as-tu dit? Reviens donc.

Premier homme. — Que vous importe, puisque vous ne voulez pas de nous!

Deuxième homme. — As-tu dit trente-six millions d'âmes?

Premier homme. — Oui, ma famille est assez nombreuse.

Deuxième homme. — Mais ce n'est pas une famille, c'est un peuple!

Premier homme. — Pour vous servir.

Deuxième homme. — Oh! mais alors, je peux accepter.

Premier homme. — Comment!

Deuxième homme. — Ainsi, ce que tu viens m'offrir, c'est de m'appartenir, à moi, et à mes enfants après moi, et à leurs enfants après eux, toi, tes parents, tes petits et les petits de tes petits Je vous prends.

Premier homme. — Mais tout à l'heure vous me disiez...

Deuxième homme. — Tout à l'heure, je ne savais pas de quoi il s'agissait.

Premier homme. — Vous me disiez que je ne connaissais pas vos enfants et que je risquais de livrer les miens à des idiots ou à des monstres.

Deuxième homme. — Je croyais que tu ne leur livrais qu'un petit nombre d'enfants.

Premier homme. — Vous me disiez qu'on n'avait pas le droit de donner des gens qui ne vous en ont pas chargé ; et je ne dois pas vous cacher que, parmi ceux que je vous offre, il y en a qui non-seulement ne m'en ont pas chargé, mais qui seraient furieux.

Deuxième homme. — Ce sont des misérables, des pétroleurs, des scélérats qui veulent être libres.

Premier homme. — Vous me disiez que la liberté était un devoir, et que celui qui avait eu seulement l'idée de se faire esclave ne méritait pas même d'être laquais.

Deuxième homme. — Je te le dis encore. Un homme n'a pas le droit de se donner, la loi et la morale le défendent. Mais un peuple peut très-bien se faire la propriété d'un maître sans que la loi ni la morale aient rien à lui dire. Un homme qui se donne ou qu'on donne, c'est abominable ; trente-six millions d'hommes dans le présent et trente-six milliards d'hommes dans l'avenir qui font ou à qui l'on fait la même chose, c'est parfait. Il suffit de changer quelques mots. Tu vois mon fauteuil : à partir d'aujourd'hui, tu l'appelleras trône. Ma canne sera un sceptre et mon chapeau une couronne. Au lieu de me dire : monsieur, tu me diras : sire. Et au lieu de dire : l'esclavage, tu diras : la monarchie.

VIII

WASHINGTON

———

Les Américains ne manquent jamais de fêter
le jour qui leur a donné le grand homme auquel
ils doivent d'être indépendants et d'être en
République.

Si un homme mérite qu'on glorifie l'anniver-
saire de sa naissance, c'est bien Georges Washington. Le jour où il mourut, le Congrès
pleura « l'homme qui avait été le premier dans
la guerre, le premier dans la paix, le premier
dans le cœur de ses concitoyens ». Non-seulement Washington a eu le mérite de donner l'indépendance à sa patrie, mais il a eu le mérite
tout aussi grand de lui donner la liberté.

Lorsqu'il eut arraché l'Amérique à l'Angle-

terre, il aurait pu, comme d'autres généraux
victorieux, profiter de sa victoire et de sa popularité pour se faire le maître de ceux qu'il avait
délivrés. La guerre finie, il se démit du com-
mandement, et rentra dans la vie privée, sans
vouloir aucune récompense. Tout ce que le Congrès put lui faire accepter, ce fut la franchise de
ses lettres. Il s'occupa d'agriculture. L'État de la
Virginie, auquel il rendit de grands services
dans des travaux de navigation, l'en remercia
en lui envoyant cent cinquante actions de sociétés que ces travaux avaient suscitées; c'était
environ deux cent mille francs : il les partagea
entre deux colléges. Ce n'était pas sa première
preuve de désintéressement. En huit ans de
guerre, commandant en chef et ayant la dispo-
sition absolue des fonds, il n'avait compté, pour
les dépenses secrètes, que dix-neuf cent quatre-
vingt-deux livres sterling. *Deux cent quarante-
sept livres par an.*

Nommé président de la République en 1789,
il fut réélu en 1793. On voulait le réélire en
1797, mais il refusa, préférant la grandeur de
son pays à la sienne, et trouvant, d'ailleurs, plus
grand pour lui-même d'affranchir une nation
que de la posséder.

Le 14 décembre 1799, une inflammation de la

trachée-artère, causée par une pluie légère qui lui avait mouillé la tête et le cou, l'enleva en quelques heures. Il mourut vaillamment. Voyant l'inutilité des secours, il voulut qu'on les cessât, se déshabilla et se mit au lit, se ferma lui-même les yeux de sa propre main, et expira presque aussitôt sans convulsion. Il avait soixante-huit ans. Sa mort fut une calamité publique. Le Congrès invita tous les citoyens à porter un crêpe au bras pendant trente ans.

Un fait qui mérite d'être rappelé, c'est que Napoléon prit le deuil de Washington et le fit prendre aux autorités civiles et militaires de ce qu'on appelait encore la République française. Napoléon commanda un éloge du grand Américain à Fontanes, qui, dans une cérémonie solennelle, loua Washington « d'avoir fui l'autorité « quand l'exercice en pouvait être arbitraire ; de « n'avoir consenti à en porter le fardeau que « lorsqu'elle fut resserrée dans des bornes légi- « times; de n'avoir pas accepté qu'elle lui fût « continuée quand il vit que l'Amérique heu- « reuse n'avait plus besoin de son dévouement; « enfin, d'avoir voulu jouir, comme les autres « citoyens, du bonheur qu'un grand peuple « avait reçu de lui. » Quand Napoléon, qui venait d'accomplir l'acte du 18 brumaire eut fait louer solennellement Washington de n'avoir pas voulu du pouvoir arbitraire et d'avoir eu pour toute ambition d'être simple citoyen d'un pays libre, il se fit nommer, d'abord consul à vie, puis empereur héréditaire.

Résultat de Washington pour les États-Unis : une croissance continue, une puissance et une prospérité sans égales. Résultat de Napoléon pour la France : trois invasions, Waterloo, Sedan, l'Alsace et la Lorraine perdues.

IX

SOUS L'EMPIRE

Voici ce qu'a fait à Taïti, il y a quelques mois, le représentant de l'empire français :

A la suite d'une rixe entre travailleurs chinois d'une plantation d'Atimaono, dans laquelle rixe un homme avait été tué, le tribunal criminel de Papaete avait prononcé quatre condamnations à mort. L'énormité de cette peine, qui quadruplait le talion, émut l'opinion publique, et l'on essaya d'obtenir du gouverneur qu'il sursît à l'exécution et qu'il demandât à l'empereur d'user de son droit de grâce. Le gouverneur ne voulait pas, mais on découvrit un ancien règlement qui faisait le sursis et le recours en grâce obligatoires lorsqu'ils étaient réclamés par deux membres du conseil d'administration. Il en résulta un conflit entre le conseil et le gouverneur, et un compromis : le gouverneur se résigna à laisser vivre trois des Chinois, et on lui donna le quatrième.

Une parenthèse. Ce gouverneur était M. Émile de La Roncière, condamné lui-même autrefois, pour attentat sur une jeune fille. Ses amis disent qu'il était innocent. J'y consens volontiers, n'étant certes pas de ceux pour qui condamné est synonyme de coupable. Mais cette innocence serait une aggravation. Si M. de La Roncière est coupable, c'est affreux ce criminel qui punit; s'il est innocent, c'est pire cet homme qui, ayant éprouvé par lui-même la faillibilité des juges, applique un jugement, et avec cette opiniâtreté, et un jugement irréparable. Vous figurez-vous Lesurques guillotinant !

Il s'agissait de guillotiner le Chinois dont le gouverneur avait dû se contenter. Mais ici une difficulté se présenta. Ces îles de l'Océanie sont tellement en retard sur notre civilisation, qu'on n'y avait jamais guillotiné personne.

Ceci ne gêna pas le gouverneur. Ces insulaires ne savaient pas tuer? eh bien, il leur apprendrait.

Les leçons de guillotine commencèrent aussitôt. Il fallut d'abord fabriquer l'instrument; puis on dressa l'échafaud sur le lieu même de la rixe, et on fit des essais. On guillotina des troncs de bananiers, des porcs et des moutons. Quand le gouverneur fut content de la manière dont les têtes tombaient, on lava la machine, on la peignit, on l'attifa, et on convoqua le public. La foule accourue de partout, le patient fit son entrée.

Il y eut un moment de désappointement : on s'était trompé de Chinois. Celui qu'on avait amené était un des trois qui avaient un sursis. On le ramena, mort à moitié; mais le gouverneur impérial ne compta pas cela pour un supplice. Il fallut aller chercher l'autre Chinois à Papaete; comme on ne l'avait pas préparé à mourir, un missionnaire eut deux heures pour le convertir au christianisme. Quand le Chinois fut converti, baptisé, confessé, blanchi, absous, pardonné, on le conduisit à l'échafaud.

Mais lorsqu'on voulut lever le couperet dans la rainure, le couperet ne bougea pas. On fit effort, il résista. On alla chercher un charpentier, qui fit lâcher prise au bois ; mais alors le couperet, contraint à monter, refusa de redescendre. Les coups de marteau n'y purent rien, il ne céda pas. Il y a des moments où l'on croirait que les choses ont une âme et ne veulent pas participer aux crimes des hommes.

Le charpentier ne suffisant pas, il vint des aides. Ils furent obligés de démonter la machine, de racler le goudron de la rainure, de donner du jeu, et de remettre tout en place. Cela prit *quarante-cinq minutes,* pendant lesquelles le patient était là, hagard, brûlé de fièvre, torturé, tué vingt fois. On finit par « réussir ».

M. de La Roncière a été remplacé. Cela veut-il dire qu'il ne sera pas replacé ailleurs, et qu'on ne le punira pas comme les évêques punissent les curés qui ont scandalisé une paroisse — en leur en livrant une autre? La destitution, même absolue et irrévocable, ne suffirait qu'avec la promesse que cette première exécution sera la dernière et avec le renversement immédiat de cet échafaud si monstrueusement inauguré. Et ce qu'il faudrait encore, ce serait que l'échafaud ne fût pas renversé seulement là-bas, mais ici, mais partout, et que cette abominable exécution obtînt sa grâce à elle en rendant le service de tuer le meurtre légal.

La destitution que nous demandons, c'est celle du bourreau.

Septembre 1860.

X

Voici ce que viennent de faire à Santiago de Cuba les représentants de l'Amérique et de l'Angleterre

Un marin américain né de parents anglais avait été arrêté comme ayant pris part à une expédition de flibustiers, jugé, et, bien que son innocence eût paru démontrée, condamné à mort.

Le consul américain et le consul anglais le réclamèrent, inutilement. Le condamné fut conduit, pour être fusillé, au lieu ordinaire des exécutions, avec un grand déploiement de troupes. Les deux consuls y allèrent, et là, le drapeau de leur nation à la main, déclarèrent hautement que, si l'exécution avait lieu, l'Espagne en répondrait à l'Angleterre et à l'Amérique.

Les autorités espagnoles, après un peu d'hésitation, persistèrent, et commandèrent le feu.

On en était à : « En joue ! » et les canons des carabines s'abaissaient, quand le consul anglais, M. Ramsden, et le consul américain, dont je regrette de ne pas savoir le nom, se jetèrent devant les carabines, couvrirent le patient de leurs corps, s'enveloppèrent avec lui dans les plis du glorieux drapeau de l'Union et du drapeau de la Grande-Bretagne, qui n'avait jamais été plus grande, et dirent à la troupe : « Assassinez-en trois ! »

Les Espagnols n'osèrent pas. Ils firent relever les carabines et remirent aux consuls le pauvre condamné, qui pleurait et qui défaillait à leurs bras. On l'embarqua le soir.

Septembre 1869.

XI

L'EXÉCUTION DE TROPPMANN

La condamnation et l'exécution de Troppmann auront eu du moins cette triste utilité d'apporter un argument de plus à ceux qui, comme nous, ont horreur du meurtre, qu'il soit commis par un homme ou par une loi.

Tous les journaux sont indignés de ce qui s'est passé à la place de la Roquette. Ils pourraient l'être tout autant de ce qui s'est passé à la cour d'assises.

Ce public des premières représentations ayant ses entrées aux débats ; ces bonbons, ces rafraîchissements, ces mangeailles, dans les entr'actes de l'audience ; ces applaudissements au dénoûment, comme s'il s'agissait d'une mort jouée ;

c'était le digne prologue de ce qui s'est achevé
« sur les planches » de l'échafaud.

Quel spectacle abominable : l'immonde foule
avinée, les jolies femmes accourues après souper,
les chansons obscènes, les lazzi, le bourreau
« recevant » gracieusement sur la plate-forme
et faisant un cours de guillotine, qu'un de ses
aides a recommencé pour les retardataires, etc.
A peine le couperet tombé, des enfants se sont
précipités pour recueillir dans leur mouchoir le
sang du supplicié. Un autre détail auquel on
refusera de croire, c'est que le troisième aide
de l'exécuteur était un journaliste. Que les journalistes aillent partout, et là plus qu'ailleurs,
qu'ils surmontent leur répugnance pour assister
à ces horribles rendez-vous de la justice, qu'ils
s'y empressent d'autant plus qu'ils haïssent
davantage les pénalités sanglantes, c'est leur
devoir ; car c'est ainsi qu'on peut infliger aux
partisans de l'échafaud le récit de ces scandales
monstrueux qui finiront par les faire réfléchir·
Mais un journaliste valet du bourreau! si le fait
est vrai, — et nous en doutons encore, bien
que le journaliste s'en soit vanté, — il suffirait
à caractériser le journalisme de l'empire.

La conclusion de la plupart des journaux,
c'est que les exécutions devraient se faire à huis

clos. Que deviendrait alors l'exemple, cette suprême raison des avocats de la peine de mort? N'est-ce pas assez déjà que l'exécution se fasse avant le jour, là-bas, sans prévenir? Voilà maintenant que l'on conseille à la loi de s'enfermer entre quatre murs, de se barricader, et de prendre bien garde que personne ne la voie faire son coup!

La vraie conclusion, c'est ce que demandent tous les grands esprits depuis le commencement du siècle : c'est l'abolition pure et simple de cette peine impossible, qui, si elle se dissimule, n'est plus une leçon, et qui, si elle s'étale, fait d'un peuple entier un immense assassin, trois fois pire que l'autre, car il assassine froidement, lâchement et gaiement.

XII

CE QUI SE PASSE AUX GAMBIERS

Voici des faits curieux qui sont attestés, non par un athée ou par un démagogue, mais par un magistrat, M. Louis Jacolliot, juge des établissements français de l'Océanie. Une brochure qu'il publie raconte ce qui suit :

Un M. Pignon était allé s'établir, avec sa femme et son neveu nommé Dupuis, aux Gambiers, qui sont de petites îles situées au sud-est de Taïti, à quelque chose comme quinze jours de mer, et s'y était livré au commerce de la nacre. Il y avait trouvé une mission catholique, celle de MM. de Picpus, régnant souverainement par droit de conquête religieuse, ayant tout accaparé, le gouvernement et l'industrie, ·

faisant la banque, spéculant sur le riz, trafiquant de l'argent et du coton, fort riches, mendiant en Europe, et achetant avec l'argent des fidèles plus de petits Chinois qu'il n'en existe.

Tout cela eût été indifférent à Pignon et à Dupuis, si un des commerces de la mission n'avait pas été précisément la pêche de la nacre. Concurrence. Avec des prêtres! Pignon et Dupuis eurent le malheur de réussir.

La nacre et les perles ne coûtaient pas cher à MM. de Picpus : ils ne payaient pas les pêcheurs. Quelques cuillerées de riz et un lambeau pour se vêtir, c'était tout le salaire de ces pauvres gens. Et il leur était interdit de pêcher pour d'autres. Pignon et Dupuis les décidèrent aisément à cacher une partie de leur pêche, et à la vendre au lieu de la donner. Dès lors, les bénéfices de la mission décrurent sensiblement. On devine l'exaspération des révérends pères contre ces intrus qui avaient l'impiété de venir troubler leur monopole. Mais on ne devine pas ce qu'ils leur firent.

Le révérend père supérieur Laval, « à la tête d'une cinquantaine d'agents de police dressés par lui-même pour les besoins de son gouvernement, » se rua chez Pignon, ravagea ses magasins, démolit ses constructions, arrêta le mari, la femme et le neveu, et les traîna tous trois en prison. Cela n'est rien. Écoutez. Quelques jours après, des poissons qu'on servait à Pignon pour son dîner lui parurent suspects. Il les fit d'abord goûter à un chien. Le chien tomba raide mort.

Il n'est pas inutile de dire que le drapeau qui flotte sur les Gambiers est le drapeau de la France.

Je répète que c'est un magistrat qui raconte. Cet assassinat manqué aurait été ressayé. La brochure dit que, « dans l'enquête solennelle qui a eu lieu sur ces faits, *des tentatives* d'empoisonnement pour se débarrasser du sieur Pignon ont été prouvées jusqu'à l'évidence ». Mais le prisonnier se défiait. L'empoisonnement ne prenant pas, les prêtres se débarrassèrent de leur concurrent par un autre moyen : ils l'expulsèrent de leur île, et sa femme avec lui,—pas son neveu, qu'ils retinrent comme otage. Cela ne fit pas taire Pignon, qui, à peine débarqué à Taïti, porta plainte et demanda justice. Une enquête fut ouverte. Le commissaire impérial alla en personne aux Gambiers, et en revint avec un rapport de nature à édifier ceux qui désirent des informations précises sur les gouvernements théocratiques.

Le procédé essayé inutilement sur Pignon dans son cachot serait usuel à ces prêtres, et ils auraient été plus heureux avec d'autres. Le rapport cite des noms. Ainsi, le chef auquel les insulaires obéissaient quand, il y a une trentaine d'années, MM. de Picpus sont venus les « convertir », Karkorio, réclama une somme que MM. de Picpus lui devaient. Huit jours après, il était mort. Ainsi encore, le fils de Karkorio avait conservé un reste d'autorité morale. Il se hâta de le mettre au service de la mission. Une seule fois, il oublia comment son père était mort, et il eut une velléité d'indépendance. Le lendemain, il fut « rappelé par le Seigneur ».

Le rapport a été envoyé en France. Mais les prêtres sont puissants ailleurs que dans l'Océanie. Il a fallu au commissaire impérial « deux années d'enquêtes, d'auditions de témoins et de luttes énergiques » pour obtenir du ministère de la marine que les missionnaires fussent forcés de payer une indemnité à Pignon.

Et puis?

Et puis, c'est tout.

Comment! on n'a pas traduit ces prêtres aux assises? on ne les a pas même chassés? on ne leur a pas repris cet archipel qu'ils oppriment et qu'ils abrutissent? on les a laissés continuer, faire travailler pour rien, répliquer à la concurrence par le meurtre, tondre et abattre ce pauvre bétail humain?

C'est M. Jacolliot, juge impérial, qui le dit.

Eh bien, elles sont jolies, les choses que notre drapeau abrite là-bas ! Il y a quelques mois, on nous apprenait que le commissaire impérial de Taïti venait d'enseigner à cette île arriérée la bonne manière de couper les têtes. On nous apprend aujourd'hui que les missionnaires des Gambiers, lorsqu'un créancier leur présente sa note, l'assassinent.

Le gouvernement n'a pas pu démentir l'exécution du Chinois d'Atimaono, mais nous espérons encore qu'il pourra démentir les crimes dont un magistrat accuse des prêtres. Si, contrairement à notre espérance, M. Louis Jacolliot avait dit vrai, si les faits abominables qu'il dénonce n'étaient pas d'abominables calomnies, que faudrait-il penser d'un régime sous le protectorat duquel de tels faits se seraient accomplis, sans qu'à l'instant même ce misérable tas de meurtriers fût balayé de toutes ces îles, ou qu'au moins notre pavillon en fût arraché ? C'est déjà bien assez que nous professions la guillotine à Taïti ; il ne nous manquerait plus que de protéger l'empoisonnement aux Gambiers !

Janvier 1870.

XIII

RECOMMANDÉ AU CONCILE

———

Le concile, qui s'était ajourné après une première séance, est enfin ouvert pour de bon. La porte n'était qu'entre-bâillée ; c'est maintenant le vrai bâillement. Les sujets que le haut clergé français se propose de traiter sont tous d'une gravité et d'une urgence extrêmes. L'infaillibilité du pape, l'assomption de la sainte Vierge, l'immaculée conception, etc., sont évidemment les problèmes qui préoccupent l'humanité moderne et dont la solution intéresse essentiellement l'avenir du monde. J'approuve fort nos évêques, et je ne leur reproche qu'une omission. J'ai cherché en vain dans leur liste une question qui me semble avoir l'importance des autres. Ce ne peut être qu'un oubli, et je ne doute pas que nos grands dignitaires ecclésiastiques ne me soient reconnaissants de le leur faire réparer. Voici le fait.

Je suppose que vous ayez envie de faire dire des messes pour un oncle que vous avez perdu. Excusez ma supposition, qui n'est pas très-flatteuse pour votre oncle, car elle sous-entend que vous avez de lui cette opinion qu'il n'a pas dû aller tout droit en paradis ; il vous répugnerait d'admettre qu'il a tout à fait mérité l'enfer ; vous lui faites cette grâce de ne lui appliquer que l'enfer à temps, le purgatoire. Or, le séjour dans cet endroit maussade peut être abrégé. C'est l'affaire des messes. Il n'y a pas de conscience si malpropre qu'une certaine quantité de messes ne parvienne à nettoyer. Les âmes se lavent avec de l'eau bénite. Vous aimiez votre oncle ; vous voulez que la besogne soit bien faite. Vous cherchez un bon curé, vous en comparez plusieurs, vous en choisissez un, vous allez le trouver, il vous dit son prix, vous ne marchandez pas, parce que c'est lui, et vous revenez chez vous en vous disant : — Ça me coûtera plus cher que chez les autres, mais j'ai pris le meilleur blanchisseur du pays, et il va m'enlever toutes les taches de mon oncle.

Oui, mais vous n'avez pas réfléchi à une chose. Votre curé est un si bon curé que vous n'avez pas été seul à le choisir. Peu de morts laissent une réputation telle que ceux qui se souviennent d'eux les croient capables de se tirer d'affaire tout seuls; votre curé est donc encombré de demandes de messes, et il en a bientôt promis plus qu'il n'en pourra tenir. Vous me direz : — Pourquoi promet-il? Je vous répondrai : — Pour les honoraires. Donc, les messes surabondent chez lui de jour en jour, s'y accumulent d'année en année, et il finit par ne plus savoir à laquelle entendre.

C'est alors qu'arrive à son secours une « maison de commission et de librairie catholique pour le clergé » dont j'ai le prospectus sous les yeux. Elle dit à ce curé : — Vous avez trop de messes? Eh bien, donnez-moi celles qui vous gênent, je m'en charge, j'ai des prêtres pour cela.

Le prospectus appelle ces prêtres « des prêtres acquitteurs ».

Il va sans dire qu'avec les « intentions de messes » la maison de commission demande les réalités d'honoraires. En revanche, elle offre au curé tout ce dont il peut avoir besoin pour son église, pour sa maison ou pour sa personne, depuis un ostensoir jusqu'à une montre, depuis un abonnement à un journal jusqu'à un gilet de flanelle, depuis un ciboire jusqu'à... — Vous allez voir.

Le prospectus donne le tarif. J'aurais été embarrassé autrefois si j'avais dû répondre à cette question : — Combien faut-il de messes pour une culotte ? Mais à présent je n'ai qu'à lire : « Une culotte ecclésiastique, quatrevingts honoraires de messe. » Ça ne vous semble pas estimer les messes très-cher. Désirez-vous savoir au juste ce qu'elles valent ? Pour un abonnement à la *Gazette de France,* lequel coûte cinquante-huit francs, il faut « deux cent trente honoraires ». Cela met les messes à cinq sous.

Notons encore quelques prix. Un calice gothique, très-riche, complétement doré au feu, dix-huit pierres fines taillées en losange : onze cents honoraires de messes. Brochettes à rognons : soixante messes. Un dais complet en drap d'or ou argent moiré, galons crêtes sur soie, vases et panaches : cinq cents honoraires. Un canapé divan, formant chaise ou lit de repos, recouvert en damas, avec clous dorés : deux cent cinquante messes. Un orgue pour église, jeu doux, voix céleste, trémolo : en chêne, cinq cent cinquante honoraires ; en palissandre, six cents. Une table de nuit : cinquante messes.

Votre curé est tenté. Il résiste difficilement à une « douillette en mérinos double, pure laine, première qualité, entièrement ouatée, » à un « pince-nez monté en or, riche modèle, » et surtout à un tableau-horloge, mouvement et sonnerie, première qualité, belle peinture représentant l'église du lieu et *une sorte de procession,* ayant une petite musique se composant de trois airs religieux et jouant à volonté. » Mais il y a malheureusement impossibilité : le trafic des messes est interdit par l'Église.

N'est-ce que cela? Rien de plus facile à arranger : l'achat et la vente des messes ne seront pas un trafic. Comment est-ce possible ? De la façon la plus simple.

Votre curé recevra bien les objets qu'il désignera, et les commissionnaires, de leur côté, accepteront bien les honoraires; mais ces honoraires, ils n'en garderont « pas un centime, » ils les repasseront intégralement aux prêtres acquitteurs. Ils ne devraient donc rien, mais absolument rien, à votre curé, sinon « un certificat d'acquittement qu'ils lui adresseront dans le plus bref délai revêtu de toutes les formalités voulues. » Et si, outre ce certificat, ils lui expédient ce qu'il désirera, une chasuble ou un pantalon, un ostensoir ou un moutardier, un prie-Dieu ou une cave à liqueurs, c'est uniquement « un cadeau qui n'a aucun rapport avec les honoraires; ceux qui reçoivent ces cadeaux sont donc en pleine sûreté de conscience; et, du reste, ce ne sont pas eux qui les demandent, c'est nous-même qui les offrons : c'est un pur don de notre part. » L'opinion des commissionnaires pourrait ne pas rassurer suffisamment votre curé, mais voici celle de l'évêque d'Arras, de Boulogne et de Saint-Omer : « ... Comme M***, ainsi qu'il me l'assure, ne prélève pas un centime sur l'intégralité des honoraires, cette manière de se procurer des livres ne peut aucunement être considérée comme un commerce de messes; autrement, loin de la conseiller, nous devrions l'interdire. » (Stat. LXXX.) La « Sacrée-Pénitencerie » elle-même a été consultée : « Le prêtre qui envoie la surabondance des honoraires pour les distribuer aux prêtres qui en sont dépourvus peut-il recevoir, à titre d'amitié, quelque cadeau, si ce cadeau est fait en dehors des intentions données? » Le 6 octobre 1862, « le tribunal suprême de la Sacrée-Pénitencerie, ce juge si compétent en de semblables matières, ayant examiné sérieusement la question proposée, a répondu d'une manière affirmative ». Maintenant, pour manquer de douillettes, de burettes moyen âge avec sonnette assortie ou de pinces à sucre, il faudra qu'un curé ait vraiment bien peu de messes dans son tiroir.

Le lecteur est capable de s'étonner de ces commissionnaires qui vous prodiguent les soutanes en alpaga anglais qualité supérieure et les desserts de douze couverts sans retenir pour cela « un centime » des honoraires que vous leur remettez. Oh! ils ne sont pas absolument sans faire une espèce de misérable petit bénefice. Ils expliquent eux-mêmes que leurs rapports directs avec « messieurs les bailleurs d'honoraires » les dispensent de la remise qu'ils feraient à des commis voyageurs. Cette remise est encore trop pour eux; « ils en consacrent la plus grande partie en bonnes œuvres. » Nous avions déjà l'ange de l'assassinat; nous avons maintenant les anges de la commission.

Ainsi, une opération, innocente du côté des prêtres, vertueuse du côté des commissionnaires, voilà ce que le prospectus propose aux curés qui ont trop de clientèle. Et nous ne comprenons pas pourquoi il se croit obligé de leur promettre « la plus entière discrétion ».

C'est cette discrétion promise qui nous inquiète

4.

un peu, et qui fait que nous nous permettons d'invoquer humblement les hautes lumières du concile. Deux points surtout ont besoin de son auguste éclaircissement.

Premièrement, il y a quelqu'un auquel les anges de la commission, l'évêque d'Arras et les sacrés pénitenciers ne paraissent pas avoir songé, et qui pourtant ne peut guère être considéré comme étranger à la question : c'est le « bailleur d'honoraires ». Ce bailleur a choisi un curé, et on lui en fournit un autre. A sa place, nous ne ferions pas de misérable chicane à notre sainte mère l'Église. Nous n'attachons pas une importance exagérée à ce qu'une messe soit dite par celui-ci ou par celui-là. Elle ne serait même pas dite du tout, que nous nous en contenterions. Mais il peut exister des délicats qui fassent des différences entre les prêtres, et qui tiennent à ce que le curé qu'ils ont choisi, et payé, « opère lui-même ». Et puis, quels sont ces prêtres ac-quitteurs » dont parle le prospectus et qui ont le temps d'acquitter non-seulement leurs propres intentions, mais encore les intentions des autres? Évidemment des curés sans pratiques, dont personne ne veut. Si les bailleurs d'honoraires se doutaient que le prêtre en vogue auquel ils ont confié l'âme de leur parent la repasse à un pauvre

diable de curé qui ne fait pas recette, ils éprou-
veraient, nous le craignons, la même satisfaction
qu'un auteur dramatique qui, ayant distribué un
rôle à Frédérick Lemaître, le verrait joué par
Machanette. Et encore Machanette est un vieux
comédien connu et éprouvé. Au lieu que la maison
de commission ne nomme pas ses acquitteurs,
et ne dit pas par qui les messes seront jouées.
Pourvu qu'elle n'y fasse pas travailler dans les
prisons !

Secondement, nous sommes déjà, quant à
nous, convaincu plus d'à moitié que ce commerce d'honoraires n'est pas un commerce,
puisque l'évêque d'Arras ne l'interdit pas et
puisque la Sacrée-Pénitencerie le recommande.
Mais l'évêque le plus habile et les plus sacrés
pénitenciers peuvent se tromper une fois, et il
ne nous semblerait pas absolument inutile que
le grand congrès de la prélature catholique affir-
mât *urbi et orbi* qu'il n'y a aucune espèce de trafic
dans l'échange de messes contre des truelles à
poisson ou des sommiers élastiques. Quand les
Pères de la moderne Église nous l'auront dit,
nous le croirons, comme tout ce que dira le
concile.

Si le pape et son état-major tranquillisent sur
ces deux points la conscience des fidèles, leur

solennelle déclaration aura peut-être ce grand effet de généraliser la circulation des intentions de messes et d'en faire une monnaie courante et universelle. Nous ne verrions, pour notre part, aucun inconvénient à ce que la marchande de tabac à qui vous achetez un cigare vous rendît une intention, et il ne nous déplairait pas qu'un cocher de fiacre se plaignît d'un bourgeois qui ne lui aurait donné qu'une messe de pourboire.

Janvier 1870.

XIV

LA GRACE DE BAZAINE

—

Bazaine ne sera pas exécuté.

La peine de mort, prononcée contre lui, est commuée en vingt années de détention. Il est dispensé des formalités de la dégradation militaire, mais sous réserve de tous ses effets.

Immédiatement après le prononcé du jugement, le duc d'Aumale et les juges du conseil de guerre avaient adressé au ministre de la guerre un recours en grâce. Cette demande a été transmise au président de la République, qui a attendu, pour répondre, que la condamnation fût irrévocable, le condamné ayant vingt-quatre heures —

de minuit à minuit — pour se pourvoir en cassation.

A minuit, le condamné ne s'était pas pourvu. Alors, le maréchal de Mac-Mahon a commué la peine.

Lorsque les bruits de grâce ont commencé à courir, nous nous sommes abstenus de dire un mot qui, directement ou indirectement, combattît la décision à laquelle nous nous attendions. Il n'est pas dans nos mœurs de demander des exécutions, même celle-là. Nous n'aurons jamais rien de commun avec cette presse de haine et de fureur qui, pendant deux ans, n'a eu qu'un cri à la bouche : Tuez ! et qui, après tant de sang versé, en a encore soif. Nous sommes pour le principe de l'inviolabilité de la vie humaine. Les principes ne connaissent personne. On a fait grâce de la vie au condamné de Trianon. Soit.

Mais cette grâce doit avoir deux conséquences.

D'abord, l'ex-maréchal Bazaine a été déclaré coupable, à l'unanimité, sur tous les chefs d'accusation. Il est donc coupable de tout ce dont il était accusé, c'est-à-dire de crimes inouïs contre l'honneur, contre le devoir, contre la patrie, de crimes qui ont annulé notre dernière armée, livré Metz, livré nos drapeaux, livré cent trente

mille soldats qui ont été emmenés en Allemagne
en tas comme un bétail et dont onze mille y
sont morts, jeté les Prussiens sur l'armée de la
Loire, forcé Paris à capituler, arraché de notre
chair l'Alsace et la Lorraine. Le conseil de guerre,
dans son recours en grâce, constate que ce
sont là des crimes auxquels la loi ne reconnaît
pas de circonstances atténuantes. Et cependant,
lui, il leur en trouve puisqu'il a signé un recours en grâce. Et le chef de l'État leur en
trouve, puisqu'il commue la peine. C'est bien.
Mais alors quel crime n'en a pas? Quel condamné aura jamais fait ce qu'a commis ce condamné? Qu'on ne fusille plus personne. Qu'on
ne guillotine plus personne. Comment pour-
rait-on tuer le meurtrier d'un homme ou d'une
femme, quand on laisse vivre le meurtrier de la
France?

Ensuite, la peine en laquelle a été commuée
la condamnation de l'homme de Metz est la détention. Il sera prisonnier, mais en France. Il
aura son pays, sa femme, ses enfants, ses amis.
Pendant qu'il aura tout cela, — là-bas, par delà
la mer, à quatre mille lieues, il y aura des hommes
qui n'auront rien ni personne, qui seront effroyablement séparés de tout ce qui leur est cher, et
qui, quoi qu'ils aient fait, n'ont pas coûté à la

France cinq milliards et deux provinces! Ce renversement de la proportion des peines est-il possible : au plus grand crime, la patrie; au moindre, la déportation? Il y a des déportés dont le crime est un article de journal! Et, en fait de circonstances atténuantes, ces condamnés-là n'ont-ils pas les leurs? Le duc d'Aumale et les juges du conseil de guerre ont invoqué en faveur de leur condamné « la longue détention qu'il vient de subir ». Et la détention dans les cellules de Saint-Pierre, dans les caves de l'Orangerie, dans les pontons de Brest et de Cherbourg, elle ne compte donc pas? L'avocat avait invoqué, lui, les angoisses de la famille de l'accusé. Et les déportés, est-ce qu'ils n'ont pas leur famille? Est-ce que leurs femmes, leurs mères, leurs enfants n'ont pas eu, et n'ont pas encore, des angoisses? Et pour combien ce n'est pas seulement une souffrance morale! pour combien le fils, le mari, le père était le seul gagne-pain! pour combien le malheur s'aggrave de la misère!

Nous ne discutons pas la commutation de peine. Mais il n'y a pas seulement la clémence, il y a la justice. Quand on vient de faire grâce de la vie à un condamné que l'unanimité de ses juges a déclaré coupable des plus grands crimes qu'un homme puisse commettre, la justice exige deux choses :

L'abolition de la peine de mort;
L'amnistie.

12 décembre 1873.

XV

LE NOUVEAU DICTIONNAIRE

Le Dictionnaire de l'Académie se fait vieux.
Les choses marchent vite, et il est incapable de
les suivre avec ses béquilles. Tout se modifie brusquement. Les locutions n'ont plus aujourd'hui la
signification qu'elles avaient du vivant de l'Académie ; elles en ont même souvent une toute contraire. Je suis heureux d'annoncer la prochaine
publication d'un Dictionnaire où les définitions
seront mises à la mode nouvelle, et qui rensei-
gnera exactement le public sur ce que les mots
expriment désormais dans le langage de la bonne
compagnie.

L'auteur a bien voulu m'en communiquer des
épreuves, que mes lecteurs seront sans doute
curieux de feuilleter avec moi.

J'ouvre au hasard.

CONSERVATEURS. — Ceux qui ne conservent pas. Étant donné un pays où le gouvernement établi est la République, les conservateurs emploient le peu qu'ils ont de force à renverser le gouvernement établi. Ils combinent des coalitions, mixturent des fusions, lâchent trois monarchies dans les rues, vont trouver en plein jour le président de la République chez lui et lui déclarent tout simplement qu'ils le jetteront par terre s'il ne s'empresse pas de se mettre avec eux contre la nation et de leur donner toutes les places dont ils ont envie; procédé emprunté, d'ailleurs, aux monarchistes de grands chemins qui vous menacent de vous couper le nez et les oreilles si vous ne leur payez pas la rançon qu'ils exigent.

ÉTERNELS ENNEMIS DE L'ORDRE. — Ceux qui, en République, sont pour la République. Ceux qui veulent le maintien de ce qui est, bien que ce qui est soit grandement loin d'être ce qu'ils voudraient qu'il fût. Ceux qui, voyant leur République aux mains des royalistes et toutes les fonctions livrées à leurs ennemis, ne demandent pour eux que le droit commun de la parole et de la propagande. Ceux qui, quand la patrie, blessée et saignante, entre en convalescence et a tant besoin de tranquillité, ne l'agitent pas, ne l'enfièvrent pas, n'entravent pas sa guérison. Ceux qui, en présence de l'ennemi maître chez nous, et qui ne s'en ira que pour de l'argent, ne font pas ce qui dépend d'eux pour effaroucher le crédit et pour empêcher la libération du territoire.

Ne vouloir que le bien du pays. — Ne vouloir que les gros traitements, que les sinécures grassement rétribuées, que les plus forts morceaux du budget, que le bien du pays.

Prendre les intérêts de la religion, de la famille et de la propriété. — Prendre.

Libertés nécessaires. — L'État de siége partout. Cinquante mille arrestations. La juridiction des conseils de guerre pour la presse. Les journalistes arrêtés à la sortie de l'audience. La peine de mort prononcée et la déportation appliquée pour un article. L'autorité militaire libre de suspendre et de supprimer les publications ; l'exécution sans jugement de tout journal qui déplaît et de tous ceux qui en vivent, rédacteurs, employés, compositeurs, clicheurs, imprimeurs, porteurs, etc. Un commissaire tire de sa poche une feuille de papier au bas de laquelle il y a la signature d'un général et, sans autre forme de procès, met deux cents familles sur le pavé.

Buveur de sang. — Se dit d'un homme à qui ·

le sang versé fait horreur, — qui veut l'abolition
de la peine de mort en toutes matières, — qui
applaudit quand le peuple brûle la guillotine, —
qui a des larmes plein les yeux à chacun de ces
feux de peloton qui, après plus d'une année,
hélas ! continuent de clouer des créatures humaines aux poteaux de Satory, — qui, dans la
poignante angoisse des luttes civiles, se jette
entre les combattants au risque de recevoir les
balles des deux côtés.

Modéré. — Signifie qu'on est pour toutes les
violences, pour les arrestations en masse, pour
les déportations, pour les exécutions sommaires,
pour la fusillade en permanence ; — qu'on veut
la peine de mort en toutes matières ; — qu'on
insulte les prisonniers et les condamnés ; —
qu'après tant de sang on a encore soif ; — qu'on
bave de rage si un buveur de sang parle d'amnistie.

Commission des graces. — Commission qui
a fait fusiller Gaston Crémieux, Rossel, etc., etc.,
etc., etc., etc., etc...

Courage. — Consiste à avoir francfilé pendant
le siége prussien et à avoir refrancfilé pendant
la Commune.

Laches. — Les Parisiens qui sont restés à
Paris pendant le siége, qui y sont restés pendant

la Commune, qui y sont restés même à l'entrée des troupes et dans les mois qui ont suivi. Les femmes qui, faisant queue aux boucheries pendant des heures, sous la pluie, sous la neige, sous les obus, ne demandaient pas qu'on se rendît. Les gardes nationaux qui ont fait le service des tranchées, qui ont couché dans les flaques d'eau glacée et dans la boue, qui auraient chassé les Prussiens si on les avait laissés sortir, quand ils le réclamaient. Le comble de la lâcheté est d'être allé se faire tuer à Buzenval.

Honnêtes gens. — Sont orléanistes, légitimistes ou bonapartistes. Peuvent être les trois à la fois. Pourtant le sont plutôt successivement, selon le gouvernement qui règne ou qui leur paraît avoir des chances. Peuvent bouder, pendant quelques mois et même pendant quelques années, contre un monarque qui les a destitués de leurs emplois et de leur influence, et rester fidèles au gouvernement dont le retour les referait ce qu'ils étaient ; mais, quand ce gouvernement tarde trop à rentrer, ne s'encroûtent pas dans une rancune puérile et niaise qui les priverait à jamais de fonctions. Laissent aux républicains la raideur indéfinie et l'orgueil stupide de rester debout. Pardonnent le vol de tous les pouvoirs, de toutes les libertés et de tous les droits, si le voleur daigne partager avec eux. Sont des gens bien élevés pour qui la politique est un salon et qui n'ont pas l'impolitesse de regarder de trop près aux antécédents du maître de la maison qui les reçoit. Ne s'arrêtent pas à ce détail que la main qui leur tend un portefeuille a mitraillé les femmes et les enfants, et trouveraient de mauvais goût de s'apercevoir que la botte qu'ils lèchent a des fragments de cervelle humaine.

Honnêtes gens de tous les partis. — Pluriel de : *Honnête homme de tous les partis.*

Presse des honnêtes gens. — Est confirmée dans ses convictions par les subventions qu'elle reçoit plus ou moins directement. Est pour le grand principe d'autorité. Quand le pays est aux mains d'une bande qui s'en est emparée, la nuit, par guet-apens et par violence, si des citoyens se lèvent pour le délivrer, se met avec les bandits contre les libérateurs. Appelait, sous l'empire, les proscrits du Deux-Décembre « le parti du crime ». Disait aux spectres de Baudin et de Dussoubs : « Allez vous coucher ! » Le bas de cette presse est employé uniquement à dépraver et à abrutir l'opinion publique par le commérage, par les histoires d'alcôve, par l'admiration de tout ce qui est à plat ventre, par l'éclaboussure quotidienne à quiconque ne plie pas, à quiconque est grand, à quiconque est honnête dans le vieux sens du mot. Ce bas de presse ne produit pas tout le résultat qu'il souhaiterait. D'abord il s'adresse généralement à un public qui ne peut plus pourrir. Puis l'assainissement moral qui résulte de la République écarte de lui, jour à jour, la portion encore guérissable de sa clientèle ; il constate lui-même cette décroissance continue de ses lecteurs par la croissance continue de sa colère contre les républicains. Un fait, entre autres, donne la mesure exacte de ce qu'il peut. S'il y a quelqu'un sur qui il se soit rué, c'est Victor Hugo. Pour avoir ouvert sa maison aux vaincus, Victor Hugo, lapidé à Bruxelles, a été lapidé à Paris d'injures et de calomnies. Invectives furieuses, mensonges effrontés, faux en vers, faux en prose, calembours ineptes, insultes à l'homme, huée à l'écrivain, ce bas de presse a essayé de tout pour le rendre odieux et ridicule. Qu'il se montrât quelque part, et il verrait ! Après un an de ce travail, on a repris *Ruy Blas* ; la reprise a eu cent représentations avec des recettes que l'Odéon n'avait pas crues possibles. Oh ! alors la haine s'est exaspérée. Ce n'a plus été de la fureur, ç'a été de l'épilepsie. Toute la meute s'est mise à hurler jour et nuit

après ce monstre, après cette brute, à lui mordre
les talons, à en faire curée, à n'en rien laisser.
Quand il a été mangé et remangé, rongé jusqu'aux os, et ses os enterrés sous tout ce que
cette espèce de journalistes a d'ordure en elle,
quand on a été débarrassé de lui pour l'éternité,
ce mort s'est levé, *l'Année terrible* à la main : la
quatorzième édition est épuisée, et l'imprimerie
Claye ne peut suffire au tirage. Ainsi l'effet de
toutes ces rages coalisées a été pour Victor Hugo
son plus grand succès de théâtre et son plus
grand succès de librairie. Telle est la puissance
de ce dessous de presse.

Je pourrais multiplier ces citations, mais c'est
assez pour faire apprécier la justesse et la préci-
sion avec laquelle le nouveau Dictionnaire applique aux mots leur signification actuelle et se
conforme à l'usage, qui a cours depuis quelque
temps, de faire dire aux mots le contraire de ce
qu'ils avaient dit jusqu'à présent.

Juillet 1872.

5.

XVI

LES DEUX FILS DE VICTOR HUGO

18 mars 1871.

Une foule considérable se pressait aujourd'hui à la gare du chemin de fer d'Orléans. A midi, ce qu'elle attendait est arrivé : un cercueil, derrière lequel marchaient, le visage en larmes, Victor Hugo, son plus jeune fils, son seul fils maintenant, et quelques amis.

Ce cercueil était celui de Charles Hugo, ramené de Bordeaux, où il est mort subitement lundi, le 13. Il était souffrant depuis quelques semaines. Il nous écrivait samedi dernier, l'avant-veille de sa mort :

« Je vous envoie peu d'articles, mais ne m'accusez pas. Un excellent médecin que j'ai trouvé

ici m'a condamné au repos. J'ai, paraît-il, un
« emphysème pulmonaire! » avec un petit point
hypertrophié au cœur. Le médecin attribue cette
maladie à mon séjour à Paris pendant le siége...
Je vais mieux pourtant. Mais il faut que je me
repose encore. J'irai passer une semaine à Arca-
chon. Je pense pouvoir retourner ensuite à Paris
et reprendre mon travail... »

Victor Hugo devait être de la semaine d'Arca-
chon. Charles se faisait une fête d'aller là avec
son père, sa jeune femme et ses deux petits
enfants, Georges et Jeanne. On était à la veille du
départ. Le matin, Charles avait déjeuné gaiement
avec son père et Louis Blanc. Le soir, Victor
Hugo donnait un dîner d'adieu à quelques amis,
au restaurant Lanta. A huit heures, Charles Hugo
prend un fiacre pour s'y faire conduire, et dit au
cocher de s'arrêter sur la route à un café qu'il
indique. Il était seul dans la voiture. Arrivé au
café, le cocher, ne le voyant pas descendre, ouvre
la portière et le trouve mort.

Ceux qui étaient venus témoigner leur sympa-
thie attristée au grand poëte si durement frappé
et au vaillant journaliste parti si jeune, ont suivi
le corbillard, qui s'est dirigé vers le cimetière du
Père-Lachaise sans passer par aucune église.

D'instant en instant, le cortége grossissait.

Place de la Bastille, il y a eu une chose touchante. Trois gardes nationaux, reconnaissant Victor Hugo, se sont mis aussitôt aux côtés du corbillard et l'ont escorté, fusil sous le bras. D'autres gardes nationaux ont suivi leur exemple, puis d'autres, et bientôt ils ont été plus d'une centaine, et ils ont formé une haie d'honneur qui a accompagné jusqu'au cimetière notre regretté camarade.

Un moment après, un poste de gardes nationaux, très-nombreux à cause des événements de la journée, apprenant qui l'on enterrait, a pris les fusils, s'est mis en rang et a présenté les armes; les clairons ont sonné, les tambours ont battu aux champs, et le drapeau a salué.

Ç'a été la même chose sur tout le parcours. Rien n'était émouvant comme de voir, sur le canal, dans les rues et le long du boulevard, tous les postes accourir, et, spontanément, sans mot d'ordre, rendre hommage à quelqu'un qui n'était ni le chef du pouvoir exécutif ni le président de l'Assemblée et qui n'avait qu'une autorité morale. Cet hommage était aussi intelligent que cordial; quelques cris de *Vive la République!* et de *Vive Victor Hugo!* échappés involontairement, étaient vite contenus par le respect de l'immense malheur qui passait.

Çà et là on entrevoyait des barricades. Et ceux qui les gardaient venaient, eux aussi, présenter les armes à cette gloire désespérée. Et on ne pouvait s'empêcher de se dire que ce peuple de Paris si déférent, si bon, si reconnaissant était celui dont les calomnies réactionnaires font une bande de pillards.

A la porte du cimetière et autour du tombeau, la foule était tellement compacte qu'il était presque impossible de faire un pas. Enfin on a pu arriver au caveau où dormaient déjà le général Hugo, la mère de Victor Hugo et son frère Eugène. Le cercueil a pris la quatrième et dernière place, celle que Victor Hugo s'était réservée, ne prévoyant pas que le fils s'en irait avant le père !

Deux discours ont été prononcés. Le premier, par M. Auguste Vacquerie. Nous en avons retenu les passages suivants :

« Citoyens,

« Dans le groupe de camarades et de frères que nous étions, le plus robuste, le plus solide, le plus vivant, était celui qui est mort le premier. Il est vrai que Charles Hugo n'a pas économisé sa vie. Il est vrai qu'il l'a prodiguée. A quoi? An devoir, à la lutte pour le vrai, au progrès, à la République.

« Et comme il n'a fait que les choses qui méritent d'être récompensées, il en a été puni.

« Il a commencé par la prison. Cette fois-là, son crime était d'avoir attaqué la guillotine. Il faut bien que les républicains soient contre la peine de mort, pour être des buveurs de sang. Alors les juges l'ont condamné à je ne sais plus quelle amende et à six mois de Conciergerie. Il y était pendant l'abominable crime de Décembre. Il n'en est sorti que pour sortir de France. Après la prison, l'exil.

« Jersey, Guernesey et Bruxelles l'ont vu pendant vingt ans, debout entre son père et son frère, exilé volontaire, s'arrachant sa patrie, mais ne l'oubliant pas, travaillant pour elle. Quel vaillant et éclatant journaliste il a été, tous le savent. Un jour enfin, la cause qu'il avait si bravement servie a été gagnée, l'empire a glissé dans la boue de Sedan, et la République est ressuscitée ! Celui qui avait dit :

> Et s'il n'en reste qu'un, je serai celui-là !

a pu rentrer sans manquer à son serment. Charles est rentré avec son père. On pouvait croire qu'il allait maintenant être heureux ; il avait tout, sa patrie, la République, un nom illustre, un grand talent, la jeunesse, sa femme qu'il adorait, deux petits enfants ; il voyait s'ouvrir devant lui le long avenir de bonheur, de bien-être et de renommée qu'il avait si noblement gagné. Il est mort.

« Il y a des heures où la destinée est aussi lâche et aussi féroce que les hommes, où elle se fait la complice des gouvernements et où elle semble se venger de ceux qui font le bien. Il n'y a pas de plus sombre exemple de ces crimes du sort que le glorieux et douloureux père de notre cher mort. Qu'a-t-il fait toute sa vie, que d'être le meilleur comme le plus grand ? Je ne parle pas seulement de sa bonté intime et privée ; je parle surtout de sa bonté publique, de ses romans si tendres à tous les misérables, de ses livres penchés sur toutes les plaies, de ses drames dédiés à tous les déshérités. A quelle difformité, à quelle détresse, à quelle infériorité a-t-il jamais refusé de venir en aide ? Tout son génie n'a eu qu'une idée : consoler. Récompense : Charles n'est pas le premier de ses enfants qu'il perd de cette façon tragique. Aujourd'hui, c'est son fils qu'il perd brusquement, en pleine vie, en plein bonheur. Il y a trente ans, c'était sa fille. Ordinairement, un coup de foudre suffit. Lui, il aura été foudroyé deux fois.

« Qu'importe, citoyens, ces iniquités de la destinée! Elles se trompent si elles croient qu'elles nous décourageront. Jamais! Demandez à celui que nous venons d'apporter dans cette fosse. N'est-ce pas, Charles, que tu recommencerais?

« Et nous, nous continuerons. Sois tranquille, frère, nous combattrons comme toi jusqu'à notre dernier souffle. Aucune violence et aucune injustice ne nous fera renoncer à la vérité, au bien, à l'avenir, pas plus celles des événements que celles des gouvernements, pas plus la loi mystérieuse que la loi humaine, pas plus les malheurs que les condamnations, pas plus le tombeau que la prison!

« Vive la République universelle, démocratique et sociale! »

M. Louis Mie a dit ensuite, avec toute sa cordiale éloquence, l'adieu de la presse de province au vaillant journaliste parisien.

Quand Victor Hugo a quitté la tombe, laissant son fils à son père et à sa mère, il a été reconduit silencieusement et respectueusement par la foule jusqu'à la porte du cimetière. Au moment où il est monté en voiture et où il allait s'éloigner, cette foule a poussé une immense accla-

mation de : *Vive Victor Hugo ! Vive la République !*
Puisse l'ovation faite au grand citoyen adoucir
le coup reçu par le père !

---

27 décembre 1873.

Notre bien cher François-Victor Hugo a succombé, aujourd'hui à midi, à la maladie dont il
souffrait depuis seize mois. Nous le conduirons
après-demain où nous avons conduit son frère il
y a deux ans.

Ceux qui l'ont connu comprendront ce que
nous éprouvons. Ils savent quelle brave et douce
nature c'était. Pour ses lecteurs, c'était un écrivain d'une gravité presque sévère, historien plus
encore que journaliste ; pour ses amis, c'était une
âme charmante, un être affectueux et bon, l'ama-
bilité et la grâce mêmes. Personne n'avait son
égalité d'humeur, ni son sourire. Et il avait plus
de mérite qu'un autre à être tel, ayant subi des
épreuves d'où plus d'un serait sorti amer et
hostile.

Tout jeune, il avait eu une maladie de poitrine,
qui n'avait cédé qu'à son énergie et à sa volonté
de vivre ; mais il y avait perdu un poumon, et il

s'en ressentait toujours. Puis, à peine avait-il eu âge d'homme, qu'un article de journal où il demandait que la France restât hospitalière aux proscrits lui avait valu neuf mois de Conciergerie. Quand il était sorti de prison, le coup d'État l'avait jeté en exil. Il y était resté dix-huit ans.

Il sortit de France à vingt-quatre ans, il y rentra à quarante-deux. Ces dix-huit années, toute la jeunesse, le meilleur de la vie, les années qui ont droit au bonheur, il les passa hors de France, loin de ses habitudes et de ses goûts, dans un pays froid aux étrangers, plus froid aux vaincus. Il lui fallut pour cela un grand courage, car il adorait Paris; mais il s'était dit qu'il ne reviendrait pas tant que l'empire durerait, et il serait mort avant de se manquer de parole. Il employa généreusement ces dures années à son admirable traduction de Shakespeare, et rien n'était plus touchant que de le voir à cette œuvre, où l'Angleterre était mêlée à la France, et qui était en même temps le payement de l'hospitalité et le don de l'expatrié à la patrie.

Le 4 septembre le ramena. Alors, Paris était menacé, les Prussiens arrivaient, beaucoup s'en allaient à l'étranger : lui, il vint de l'étranger. Il vint prendre sa part du péril, du froid, de la faim, du bombardement. Il s'engagea dans l'artillerie de la garde nationale. Il eut la douleur commune de nos désastres et la douleur personnelle de la mort de son frère.

On aurait pu croire que c'était suffisant, et qu'après la prison, après l'exil, après le deuil patriotique, après le deuil fraternel, il était assez puni d'avoir été bon, honnête et vaillant toute sa vie. On aurait pu croire qu'il avait bien gagné un peu de joie, de bien-être et de santé. La France ressuscitait peu à peu, et il aurait pu être heureux quelque temps sans remords. Alors la maladie l'a saisi, et l'a cloué dans son lit pendant un an avant de le clouer pour toujours dans le cercueil.

Son frère est mort foudroyé ; lui, il a expiré lentement. La mort a plusieurs façons de frapper les pères. Pendant plus d'un an, son lit a été sa première tombe, la tombe d'un vivant, car il a eu, jusqu'au dernier jour, jusqu'à la dernière heure, toute sa lucidité d'esprit. Il s'intéressait à tout, lisait les journaux ; seulement, il lui était impossible d'écrire une ligne ; son intelligence si droite, sa raison si ferme, ses longues études d'histoire, son talent si sérieux et si fort, à quoi bon maintenant ? Ce supplice de l'impuissance intelligente, de la volonté prisonnière, de la vie dans la mort, il l'a subi seize mois. Et puis, une pulmonie s'est déclarée et l'a emporté dans l'inconnu.

La mort, soit. Mais cette longue agonie, pourquoi? Un jour, il était mieux, et nous le croyions déjà guéri; puis il retombait, pour remonter, et pour retomber encore. Pourquoi ces sursis successifs, puisqu'il était condamné à mort? Pourquoi la destinée, puisqu'elle avait décidé de le tuer, n'en a-t-elle pas fini tout de suite, et qui donc prend plaisir à prolonger ainsi notre exécution, et à nous faire mourir tant de fois?

Pauvre cher Victor! que j'ai vu si enfant, et que j'allais chercher, le dimanche, à sa pension!

Et son père! Ses ennemis eux-mêmes diront que c'est trop. D'abord, ç'a été sa fille, et toi, mon Charles! Puis, il y a deux ans, ç'a été son fils aîné. Et maintenant, c'est le dernier. Quel bonheur pour leur mère d'être morte! C'est là que les génies ne sont plus que des pères. Tous s'en sont allés, l'un après l'autre, le laissant seul. Lui si père! Oh! ses chers petits enfants des *Feuilles d'automne!* On lui dira qu'il a d'autres enfants, nous tous, ses fils intellectuels, tous ceux qui sont nés de lui et tous ceux qui en naîtront, et que ceux-là ne lui manqueront ni

aujourd'hui, ni demain, ni jamais, et que la
mort aura beau faire, ils seront plus nombreux
d'âge en âge. D'autres lui diront cela; mais moi,
j'étais le frère de celui qui est mort, et je ne puis
que pleurer.

XVII

LES SOUFFRANTS

« Résignez-vous à souffrir sur la terre, et espérez dans le ciel. » Tel est le remède que proposent aux souffrants de l'état social ceux qui n'en souffrent pas.

Et si vous ne trouvez pas que ce remède suffise, et si vous ne trouvez pas juste, et par conséquent pas tolérable, un état de choses où le bien-être est si inégalement réparti, on dit que vous traitez les riches de voleurs et que vous excitez les pauvres au pillage. Non, nous ne traitons pas les riches de voleurs. Oui, nous reconnaissons que, depuis la Révolution, le capital n'est généralement que du travail économisé. Tout ce que nous voulons, c'est que ce qui a été possible à un certain nombre soit possible à un nombre de plus en plus grand, qu'il y ait de moins en moins de misérables, et, sans nier les compensations qu'on leur promet après leur mort, nous demandons que les travailleurs aient leur part de bien-être sur la terre, et qu'ils vivent de leur vivant.

Nos contradicteurs sont persuadés qu'il y a dans toute société une somme déterminée et fatale de souffrances qu'il n'est au pouvoir de personne de détruire ni de diminuer. Nous protestons de toutes nos forces contre cette doctrine impitoyable. Nous ne regarderons jamais comme irrévocable la loi qui distribue avec cette iniquité le bien-être et le malaise ; nous ne nous joindrons jamais aux satisfaits de la misère.

Est-ce à dire que nous soyons pour les revendications violentes? Nous savons trop qu'au moindre désordre, le premier blessé, c'est le travail. Les amis des travailleurs, par cela même qu'ils sont leurs amis, haïssent donc le désordre. Nous n'avons, certes, nulle envie d'attiser la haine et la colère, et nous n'aspirons, au contraire, qu'à les éteindre. L'insurrection n'a plus de raison d'être en suffrage universel, et un peuple n'a pas le droit d'en appeler à la force quand il peut obtenir avec une goutte d'encre sur un bulletin ce qu'il n'obtiendrait pas avec des flots de sang sur le pavé.

Nous conseillerons donc toujours aux souffrants, non pas de se résigner dans le sens que voudraient ceux qui les exploitent, non pas de se dire que leur souffrance est inguérissable, qu'ils sont nés damnés pour tout le temps de leur vie et qu'ils seront heureux dans un autre monde, mais de ne demander l'amélioration de leur destinée qu'à leur travail et à leur vote. Et nous ajouterons que le malaise ne peut disparaître que par degrés, que le bien-être universel n'est pas une chose qu'on improvise, qu'après les inégalités sociales il y a les inégalités naturelles, et que ce n'est pas en un jour, ni en un siècle, que la terre peut devenir, de l'enfer qu'elle est encore, l'éden qu'elle sera. Nous serons donc toujours les premiers à recommander la patience au peuple ; — mais en même temps nous demanderons toujours l'impatience au gouvernement.

Nous demanderons à tous les hommes qui se chargent de notre destinée de ne pas se résigner, eux, aux souffrances des autres. Nous leur demanderons d'avoir hâte, de prendre l'initiative de toutes les réformes utiles, de ne pas

croire avoir tout fait quand ils ont décrété l'état
de siége et l'interdiction des journaux, d'employer d'autres remèdes que la camisole de
force et le bâillon, de chercher, de trouver,
de ne pas perdre un jour, de ne pas perdre
une heure. C'est ainsi que nous comprenons
le double devoir des écrivains qui ont une conscience. Modérer la foule, presser le gouvernement. Parler au peuple des difficultés inévita-
bles, parler au gouvernement des améliorations
nécessaires.

XVIII

LE 10 AOUT

Le 10 août 1792, quand le jour se leva, la
famille royale put voir, des fenêtres des Tuileries, une chose effrayante. Une foule en armes
débouchait des quais, de la rue Saint-Honoré,
des guichets du Louvre, et s'accumulait sur la
place du Carrousel. Il n'y avait pas seulement
des fusils, il y avait des canons que l'on pointait
sur le palais. La reine dit au roi : — Sire, c'est
le moment de vous montrer.

On ne s'était pas couché au palais, la journée
étant prévue. On avait, pour se défendre, treize
ou quatorze cents Suisses, de la garde nationale, et sept pièces de canon. Les Suisses et
les gardes nationaux avaient été distribués dans

les cours, car alors la cour du palais était divisée
en trois, dans le jardin et dans les appartements.
N'oublions pas une certaine quantité de vieux
royalistes, que leur âge avait empêchés d'émigrer,
et qui étaient accourus bravement au secours de
leur roi ; ils s'étaient armés de ce qu'ils avaient
trouvé au château, de vieux sabres, de pistolets
qu'ils s'étaient attachés à la ceinture avec leurs
mouchoirs, des pelles et des pincettes des cheminées ; cela contre l'éruption d'un peuple.

Marie-Antoinette poussa Louis XVI sur le balcon. Louis XVI, qui avait dormi une heure sur
un canapé, avait un côté de sa coiffure dépou-
dré et aplati. Cette majesté grotesque parut au
balcon, puis descendit dans les cours, où les
Suisses crièrent : Vive le roi ! mais où les gardes
nationaux crièrent : Vive la nation ! Dans le jardin, ce fut bien pire : *A bas le veto ! à bas le
traître !* Et en revenant du Pont-Tournant, celui
qui déjà n'était plus roi vit des bataillons de
gardes nationaux qu'on avait convoqués pour
le défendre quitter le jardin et s'en aller sur la
place du Carrousel s'ajouter à l'insurrection.

Il rentra découragé, et décourageant. La reine
dit à sa première femme de chambre : « Le roi n'a
montré aucune énergie, tout est perdu. » C'est
là-dessus que Rœderer conseilla de se réfugier

à l'Assemblée. La reine avait dit qu'elle se ferait clouer aux murs du palais plutôt que de le quitter, mais le roi obéit à Rœderer. Dans les cours, il avait promis à ses défenseurs de rester avec eux. Cela ne l'empêcha pas de les abandonner.

On se mit en marche par la terrasse des Feuillants, le roi, sa famille, Mme de Lamballe, Mme de Tourzel, etc. Par trouble ou par prudence, le roi prit le chapeau d'un garde national sur la tête duquel il mit le sien qui avait un plumet blanc. Un détachement de Suisses et de gardes nationaux escortait. L'Assemblée, prévenue, envoya une députation au-devant. A l'entrée, la presse fut telle qu'un grenadier de haute taille saisit le dauphin et l'introduisit à bras tendus au-dessus de sa tête. La reine jeta un cri, croyant qu'on lui enlevait son fils. Elle se rassura en voyant le grenadier déposer l'enfant sur le bureau de l'Assemblée.

Le roi parti, ceux auxquels il avait promis d'être à leurs côtés espérèrent que le peuple n'attaquerait plus. Pour ne pas le provoquer, on fit rentrer dans le palais les troupes des cours. Mais le peuple ignorait le départ du roi. Tout à coup l'assaut commença. La porte du guichet principal fut enfoncée à coups de hache, le peuple fit irruption dans les cours, tourna contre le palais

les canons que les troupes avaient eu l'imprudence d'y laisser, et somma les Suisses qui étaient
aux fenêtres de rendre le château. Les Suisses,
en signe d'acquiescement, jetèrent des cartouches. Quelques assaillants se hasardèrent sous le
vestibule, et trouvèrent, au bas du grand escalier,
une barricade derrière laquelle étaient retranchés
des Suisses et des gardes nationaux, qui refu-
sèrent d'abord le passage. Au moment où ils
consentaient, un coup de fusil retentit, cet éternel
coup de fusil, parti on ne sait d'où, qui met le
feu à la colère. On cria : trahison! des deux côtés,
et le combat éclata. Il fut ce qu'ils sont tous.
Héroïque et cruel. Si le vin a des ivresses terribles, quelles ne seront pas les ivresses du sang?
N'irritez pas la bête féroce qu'il y a dans l'homme.
Et, en même temps que les cruautés, des atten-
drissements brusques. Les femmes de la reine
étaient dans une chambre. L'insurrection y entre,
furieuse : — Grâce aux femmes! s'écrie une voix;
ne déshonorons pas la nation! Et c'est à qui les
protégera, les fera sortir du château, les escortera
hors du danger. Pas seulement les femmes. Des
Suisses, faits prisonniers, furent conduits jusqu'à
l'Assemblée par des combattants. Un combattant
en amena un et dit : Si l'Assemblée veut me le
laisser emmener, ma vengeance sera de le loger

et de le nourrir. Il va sans dire que l'or, l'argenterie, les bijoux, furent scrupuleusement portés à l'Assemblée. On sait que le premier mot de toutes les révolutions est : Mort aux voleurs, et que le peuple de Paris est le grand peuple honnête.

Tout était fini à onze heures. Un instant après, Louis XVI, de la loge du logographe où il était avec sa famille, entendit l'Assemblée législative rendre ce décret, rédigé par Vergniaud : « Louis XVI est provisoirement suspendu de la royauté; — un plan d'éducation est ordonné pour le prince royal; — une Convention nationale est convoquée. » Le soir, Louis XVI logeait au Luxembourg. Ce fut le second pas dans la voie douloureuse qu'il devait suivre jusqu'au bout. Le premier avait été de Versailles à Paris. Le second était des Tuileries au Luxembourg. Il lui restait à aller du Luxembourg au Temple, et du Temple à la place de la Révolution.

Tel est le fait. Quelle est la cause?

Au fond, le 10 août, c'est le droit du peuple à s'appartenir qui, comprimé pendant des siècles, a fait explosion; le droit de tous à n'être pas la propriété d'un seul; le mécontentement de voir un homme chicaner à une nation ce qui était à elle, ne lui en restituer que ce qu'elle enlevait de

force, lui en reprendre ce qu'il pouvait, bâil-
lonner de son veto la bouche des représentants
du pays. Tu ne veux pas me rendre ce qui est à
moi, eh bien, je te l'arracherai!

Tant que la querelle n'avait été qu'entre la
royauté et la nation, elle avait pu se maintenir
dans une certaine mesure. Mais voici que l'étranger intervenait. Quarante mille Prussiens et
quarante mille Autrichiens ou Sardes nous en-
vahissaient. Et les journaux royalistes publiaient
un manifeste du duc de Brunswick nous signi-
fiant que les alliés venaient « faire cesser l'anar-
chie et arrêter les attaques portées au trône et à
l'autel »; que « les habitants des villes, bourgs et
villages qui *oseraient se défendre* contre les troupes
de Leurs Majestés impériale et royale, et tirer sur
elles, soit en rase campagne, soit par les fenêtres,
portes et ouvertures de leurs maisons, seraient
punis *sur-le-champ, suivant la rigueur des droits de
la guerre, et leurs maisons démolies ou brûlées* »; que
« la ville de Paris *et tous ses habitants, sans distinc-
tion,* seraient tenus de se soumettre sur-le-champ
et sans délai au roi, Leurs Majestés impériale et
royale rendant personnellement responsables de
tous les événements, *sur leur tête,* pour être jugés
militairement, sans espoir de pardon, *tous* les
membres de l'Assemblée, du département, du

district, de la municipalité et de la garde nationale de Paris, les juges de paix et tous autres
qu'il appartiendrait; déclarant en outre lesdites
Majestés, sur leur foi et parole d'empereur et roi,
que, si le château des Tuileries était forcé ou insulté, s'il était fait la moindre violence à Leurs
Majestés le roi, la reine et la famille royale, s'il
n'était pas pourvu immédiatement à leur sûreté,
à leur conservation et à leur liberté, elles en
tireraient une vengeance exemplaire et à jamais
mémorable, *en livrant la ville de Paris à une exécution militaire et à une subversion totale.* »

Ce manifeste exaspéra quiconque avait de la
France dans le cœur. On accusa le roi de l'avoir
dicté ou demandé. Il s'en défendit dans un mes-
sage. Mais il ne put pas démentir qu'il eût envoyé
Mallet-du-Pan en Allemagne avec des instructions
de sa main. Il ne put pas démentir les « espé-
rances » de la reine. Marie-Antoinette avait l'iti-
néraire du roi de Prusse, et elle *espérait,* disait-elle
à Mme Campan, être délivrée dans un mois. Et ce
que le roi pouvait encore moins démentir que
tout le reste, c'était qu'il y eût douze mille émigrés mêlés à l'armée prussienne qui envahissait
leur pays.

Devant un roi dont les journaux arboraient
le manifeste prussien, devant une reine qui

« espérait » la victoire de l'ennemi, devant un parti qui aidait à la frontière et conspirait à l'intérieur le succès de l'invasion, il n'y eut qu'un cri : la patrie est en danger ! Et c'est pour sauver la patrie que le peuple se rua sur les Tuileries et en expropria celui qui ne la défendait pas. Et il la sauva, lui. Le mois suivant, le lendemain même du jour où la Convention proclama la République, Paris apprit la victoire de Valmy.

La prise des Tuileries n'a pas été seulement un grand acte révolutionnaire, ç'a été en même temps un grand acte patriotique. Ce n'était pas seulement sa souveraineté que le peuple revendiquait contre un maître, c'était le territoire qu'il défendait contre l'étranger. C'est pourquoi le 10 août peut être calomnié par ceux qui préfèrent la royauté à la France, mais il doit être glorifié par ceux qui préfèrent la France à la royauté.

XIX

LE FILS

———

Les tribunaux n'ont pas vu souvent de scène plus tragique et plus sinistre que celle qui vient d'avoir lieu, à la cour d'assises de la Gironde, dans le procès Mano.

Un homme est accusé d'avoir assassiné son beau-père, sa belle-mère, sa femme et ses deux petites filles. On fait déposer un autre enfant de l'accusé, un petit garçon de huit ans.

Cet enfant était là dans la nuit des meurtres. Il a fait semblant de dormir, de peur d'être tué, lui aussi, si le meurtrier se savait vu. Mais ce meurtrier, il l'a vu, et il peut le désigner. On lui montre son père, et c'est avec une inexprimable émotion que l'auditoire attend la réponse de cet enfant qui d'un seul mot va peut-être condamner son père à mort.

Le président des assises sent ce qu'il y a d'affreux dans un pareil interrogatoire, et commence par une invocation au sentiment filial : — « Aimes-tu ton père? — Oui. » Et d'abord l'enfant ne fait que des demi-réponses. Il a vu tuer sa mère; c'est un homme qui l'a tuée; cet homme portait une culotte, qu'il a mise derrière le coffre : il était grand comme son père; il ressemblait à son père. Rien de plus. Le président lui demande si ce n'était pas son père; il répond : — « Je ne sais pas. » Mais le président lui rappelle qu'il a dit un jour qu'il voulait « donner des coups de bâton à son papa » : alors il semble que ce souvenir lui remette au cœur la colère qu'il avait à ce moment-là, et il s'écrie : — « Parce qu'il avait tué ma mère et mon grand-père. »

Ce cri échappé, il essaye de le reprendre. — « Es-tu bien sûr que c'était lui? — Je ne sais pas. » Mais le président lui rappelle encore qu'un autre jour il a aiguisé un couteau et qu'il a dit que c'était pour tuer son père. « Pourquoi voulais-tu le tuer? » Sa fureur du jour où il aiguisait le couteau le ressaisit, et il répond : — « Parce qu'il avait tué ma mère, ma grand'mère et mes sœurs! »

Et dès lors il n'hésite plus et ne varie plus. A toutes les questions, il répond que l'assassin est son père. Le président voudrait presque qu'il se rétractât; il lui demande s'il est bien certain de ne pas se tromper; il lui oppose ses premières réponses; il lui répète : — « Aimes-tu ton père? — Oui, répond l'enfant, mais c'est lui. »

On le fait approcher du jury. L'enfant, sombre et dur, recommence l'affreuse déposition. On le met près de son père. Il lui redit en face ce qu'il a dit aux jurés.

On dit au père de l'interroger lui-même. Sa voix pourra le toucher. Le père refuse. Pourquoi? Éprouve-t-il la même oppression que tout le monde? y a-t-il dans ce scélérat un reste de paternité, et, lui qui a tué deux de ses enfants, trouve-t-il que cet enfant a assez tué son père?

La justice prend la vérité où elle la trouve. En faisant témoigner l'enfant contre le père, les tribunaux obéissent à la loi. Alors c'est la loi qui a tort. Cet enfant qui, innocemment, tue son père, ce président obligé de provoquer un témoignage qui le fait frémir, cette déposition qui semble faire horreur même à cet abominable assassin, l'effet de tout cela a été tel que le crime du père en a été atténué, et que Mano, pour ses cinq assassinats, n'a été condamné qu'aux travaux forcés. Les jurés ont songé sans doute à l'avenir qu'ils feraient à l'enfant s'ils envoyaient, sur sa dénonciation, le père à l'échafaud, et ils se sont dit que, s'ils avaient le droit de condamner un meurtrier à mort, ils n'avaient pas le droit de condamner un innocent au parricide.

XX

LA TOMBE DE MICHELET

—

9 février 1874.

Michelet est mort. Nous recevons à l'instant cette douloureuse nouvelle. Un télégramme de Hyères nous apprend qu' « il a succombé, à midi, à la maladie de cœur dont il souffrait depuis la fatale année 1870 ».

Le départ de Michelet fait un vide dans le dix-neuvième siècle. Combien en voilà qui s'en vont, hélas! depuis Chateaubriand jusqu'à Balzac et depuis Lamennais jusqu'à Lamartine, — et combien peu arrivent!

Mais consolons-nous par la pensée que, s'ils s'en vont, leur œuvre reste. Personne ne meurt; mais Michelet ne mourra pas même sur terre.

Quand il n'aurait fait que son *Histoire de la Révolution française!* Nous sommes tous les débiteurs de la Révolution. Il est, lui, son débiteur — et son créancier. Et elle lui payera sa dette en immortalité.

Il a été le poëte de l'histoire. Poëte, c'est-à-dire créateur. Il a refait la France. La France était couchée dans ce tombeau, le passé. Il lui a dit : Lève-toi! Son *Histoire* n'est pas un récit, c'est une résurrection. Celle qu'il a fait revivre ne le laissera pas mourir.

——

10 février.

Une lettre de Mme Michelet m'apprend un fait incroyable. On lui a arraché le corps de son mari! Elle voulait, comme nous tous, que Michelet fût enterré à Paris. On a voulu qu'il fût enterré à Hyères.

Le 28 février 1874, dans une petite ville de province, par un temps d'averses et de rafales, un commissaire de police, un huissier, deux autres personnes, quatre hommes en tout, prenaient le corps de Michelet et allaient le jeter dans une fosse inondée. Mme Michelet nous écrit :

« Par un temps désolé, sous une pluie battante, celui que j'avais enseveli de mes mains avec tant de soins, que j'aurais voulu pouvoir réchauffer dans la mort même, a été emporté, descendu dans une fosse noyée, enterré dans la boue. »

Pourquoi cet enterrement avec effraction? Pourquoi cet enfouissement en hâte, comme d'un trésor volé? Pourquoi Michelet expatrié de Paris et emprisonné dans un trou de province?

Parce que Michelet laisse un gendre. Un gendre? non, il ne l'est plus, s'étant remarié. Quel droit a donc cet ex-gendre? Le droit des enfants de son premier mariage, petits-enfants de Michelet. Ah! c'est dans l'intérêt des petits-enfants de Michelet qu'on les prive des funérailles où la grande ville aurait glorifié Michelet, qu'on éteint la clarté qui en serait restée sur lui et sur eux, qu'on exile leur grand-père de ces cimetières de Paris où la mort est encore la vie et où si fidèlement chacun rend visite à ses morts et tous aux morts de tous?

Il fallait un prétexte. L'ex-gendre en a trouvé un dans cette phrase du testament : « Je serai transporté, sans cérémonie religieuse, *au cimetière le plus voisin.* » Le plus voisin d'où? De la maison mortuaire, dit l'ex-gendre. Or, Michelet est mort à Hyères. C'est donc à Hyères qu'il doit être enterré. Non pas, répond Mme Michelet, mon mari a voulu dire « le plus voisin de mon domicile, » c'est-à-dire de la maison que j'occupe depuis des années et où je compte bien mourir.

La première réflexion qui vient en lisant le testament tout entier, c'est que ce n'est pas à M. Poullain-Dumesnil que Michelet a confié l'interprétation et l'exécution de ses dernières volontés; c'est qu'il a voulu qu'elles fussent interprétées et exécutées par celle qui a été si longtemps sa compagne et sa collaboratrice, celle qu'il a faite sa légataire universelle, celle de qui son testament dit : « Tous mes papiers, lettres, journaux, appartiennent à ma femme seule, qui, seule, peut les lire, les trier, décider ce qui pourrait être publié. » Et il s'en rapportait tant à elle, et si peu à son ex-gendre, qu'il y a un passage dans son testament où, craignant « le mauvais usage que des personnes hostiles pourraient faire des notes qu'il laissait », Michelet allait jusqu'à cette extrémité : « Si mes papiers devaient sortir des mains de ma femme et être transportés hors de mon domicile, je recommande expressément à mes exécuteurs testamentaires de les brûler. » Et celui auquel Michelet interdit ses notes prétend être le maître du corps de Michelet! Et celui que Michelet exclut si absolument de sa confiance se prétend plus autorisé que celle à qui Michelet s'en est remis de tout !

Mais quelqu'un est plus autorisé que Mme Michelet elle-même : c'est Michelet. Et voici ce qui a été trouvé dans les papiers intimes du grand historien : « Paris a été tout pour moi, j'y suis né, j'y ai vécu, *j'y ferai ce long séjour bien autrement long que la vie.* Mes émotions, toutes mes traditions s'y rattachent, — mon avenir. Tous les souvenirs solennels de ma vie ont eu pour témoin tel ou tel lieu de cette grande ville. Mon enfance s'est passée dans le centre humide et sombre, ma jeunesse dans ses faubourgs. Pendant dix ans, j'ai erré, rêvé sur les routes du Père-Lachaise. Je suis né à Paris, j'y ai vécu, *j'y serai enterré, s'il plaît à Dieu.* »

Comment douter après cela que la vraie volonté de Michelet fût d'être enterré à Paris? Sa volonté sera obéie. Il y a une considération qui, selon nous, domine tout. Le corps de l'historien de la Révolution et de la France appartient à la capitale de la France et de la Révolution. Si M. Poullain-Dumesnil veut un procès, il l'aura. Et il le perdra. Les juges ne laisseront pas celui qui n'est plus le gendre de Michelet le séquestrer obscurément dans un cimetière de province. La grande ville où il est né doit avoir son tombeau comme elle a eu son berceau. Michelet a droit à Paris et Paris a droit à Michelet.

La réception du corps de Livingstone à Southampton et ses funérailles à Londres provoquent une comparaison douloureuse. Voilà comment les Anglais traitent leurs grands compatriotes : comment traitons-nous les nôtres?

Tout Anglais qui honore et sert son pays, sous n'importe quelle forme, écrivain, inventeur, voyageur, etc., a l'Angleterre avec lui. Fût-il à des milliers de lieues, elle ne le quitte pas ; son moindre pas retentit dans les journaux ; Londres le suit des yeux et lui bat des mains. Il y a en France des gens qui n'admirent que l'Angleterre, qui nous la proposent sans cesse en exemple, qui passent leur vie à essayer de calquer notre gouvernement sur le sien et nos mœurs sur ses coutumes. Et leur façon d'imiter son respect des grands citoyens anglais est d'injurier les grands citoyens français, de les railler, de les calomnier bassement jusque dans leur vie privée, de nier bêtement leurs chefs-d'œuvre, de leur faire des crimes de leurs meilleures actions. S'il y en a un plus grand que les autres, c'est sur lui surtout que les journaux de ces gens-là bavent leur encre, comme les polissons crachent dans le dos des passants.

Et la différence ne cesse pas même à la mort.

Livingstone mort, on est allé le chercher jusqu'au fond de l'Afrique centrale. Il a fallu le porter à dos d'hommes pendant plus de quatre cent quatrevingts lieues. Tous les soirs, son escorte devait camper sur une hauteur et s'y fortifier contre les attaques. Puis un grand steamer l'a pris à Zanzibar et logé dans un salon tendu du drapeau national. L'Angleterre tout entière attendait son arrivée. Un marchand de la Cité a offert de se charger de tous les frais des funérailles, mais le gouvernement a voulu que ce fût l'Angleterre elle-même qui payât cette dette. Quand le *Melwa* a fait son entrée à Southampton, toute la ville était sur le port. Une députation du conseil municipal est allée à bord, le corps a été levé, puis débarqué à la jetée principale, où il a été reçu par le maire revêtu de ses insignes, qui, avec le conseil municipal, les députations des sociétés savantes, les écoles, les corps de marine et l'innombrable-foule, l'a conduit à la gare, par les quais et les rues dont tous les magasins étaient fermés. L'arrivée à Londres n'a pas été moins solennelle. Le cortége est entré à Westminster par la grande porte de l'ouest, celle qui ne s'ouvre que pour les funérailles ou pour le couronnement d'un souverain. Et le rude voyageur repose dans cette abbaye où la royaliste Angleterre enterre les citoyens dont elle est fière côte à côte avec les rois.

Michelet mort, il n'y avait pas besoin de faire cinq cents lieues à pied avec sa bière sur les épaules à travers les bêtes et les peuplades féroces, il n'y avait pas besoin d'envoyer un vaisseau à Zanzibar, il n'y avait même pas besoin d'aller le chercher à Hyères : sa veuve le ramenait. Il a suffi que quelqu'un dît : Je ne veux pas. Et alors un commissaire de police est venu, et le mari a été arraché à sa veuve, et « par un temps désolé, sous une pluie battante, celui qu'elle avait enseveli de ses mains avec tant de soins, qu'elle aurait voulu réchauffer dans la mort même, a été emporté, descendu dans une fosse noyée, enterré dans la boue. » Et depuis, on plaide, et, pour que l'historien de la Révolution ait droit à la ville de sa naissance et de sa vie, il lui aura fallu passer par le scandale d'un procès et gagner son tombeau !

Comparez.

Supposez un instant qu'un Anglais quelconque eût essayé de s'opposer à ce que le corps de Livingstone revînt à Londres, qu'un Anglais quelconque eût eu l'audace de vouloir le retenir à Zanzibar ou à Southampton et de lui chicaner Westminster, — et rêvez ce que l'Angleterre aurait dit à cet homme! Et cependant, de Livingstone ou de Michelet, quel est le plus généreux pionnier et le plus profond explorateur? Lequel des deux a fait les plus grandes découvertes, du voyageur qui a fouillé l'Afrique ou de l'historien qui a fouillé le passé? Ah! ce n'est pas sans rougeur au visage que nous confrontons la conduite des Anglais envers celui qui a découvert les sources du Nil à notre conduite envers celui qui a découvert les sources de la France!

Avril 1874.

XXI

UN TAS DE DÉMAGOGUES

———

Une chose qui suffirait à démontrer la grandeur et l'excellence de l'idée démocratique, c'est qu'elle a pour elle tous les grands esprits du temps.

Et ce qui ajoute à l'autorité de l'adhésion que tous les grands écrivains du siècle ont donnée à la République, c'est que la plupart, sinon tous, ont commencé par ne pas être républicains; qu'ils le sont devenus; qu'ils ont eu à lutter contre leur enfance, contre leur éducation, contre les préjugés de leur entourage; qu'ils ont dû se défaire et se refaire. Il a donc fallu que leur conviction fût bien forte, que l'évidence les pressât, que la vérité fût irrésistible. Ils ne se sont pas décidés sans réflexion et sans effort. Ils ont cherché si l'on ne pourrait pas concilier le passé et l'avenir, améliorer en conservant, combiner la liberté avec la monarchie, greffer le vert rameau des réformes sur le tronc séculaire de la tradition. Mais ils ont fini par s'apercevoir que ce vieux tronc n'avait plus de séve, et que tout ce qu'on y grefferait périrait avec lui.

Quand Lamennais, Lamartine, Victor Hugo, et les autres, ont reconnu que la conciliation de la monarchie et de la liberté n'était qu'une illusion généreuse et qu'il fallait choisir franchement entre le passé et l'avenir, le passé, qu'ils ont quitté, s'est mis à les haïr et à les injurier. Traîtres, renégats, apostats, c'est ainsi que les partis ont l'habitude d'appeler ceux qui se séparent d'eux pour se mettre avec le pays. En quoi les partis font une confusion, volontaire d'ailleurs. Les traîtres, les renégats et les apostats sont ceux qui, ayant d'abord servi l'avenir, se vendent au passé, et qui de citoyens se font sujets. Aller d'hier à demain, de la monarchie à la démocratie, de la tutelle à l'émancipation, c'est se développer dans le sens de l'humanité et de la nature. C'est l'enfant qui se fait homme, c'est le ruisseau qui se fait fleuve. La déchéance n'est pas de sortir de tutelle, c'est d'y retomber.

Ce qui en fait sortir le pupille, c'est l'âge viril;
ce qui y fait retomber l'émancipé, c'est l'indignité. On n'est apostat qu'à reculons.

Lorsque les monarchistes ont vu qu'ils ne par-
venaient pas à faire croire qu'aller au vrai partout
où il est, y aller à travers tout, mépriser les ou-
trages, les calomnies, les ordures, avoir devant
soi la haine, l'emprisonnement, la proscription,
et ne voir que sa conscience, cela fût une diminution morale, ils ont essayé de faire croire que
cela était une diminution littéraire. Tout écrivain
qui passe à la démocratie cesse d'être un écrivain.
Il y a incompatibilité absolue entre la littérature et la démocratie, le talent décroît dans la
même proportion que le monarchisme, et un
homme de génie qui devient républicain perd à
l'instant même la connaissance de l'orthographe.
Vous croyiez à la royauté : vous produisiez des
chefs-d'œuvre ; vous croyez au peuple : il ne sort
plus de vous que des âneries. Il y a dans les
contes de Perrault une fée qui se tient à une
fontaine et qui, si vous lui tendez votre cruche,
vous fait le don qu'à chaque fois que vous ouvri-
rez la bouche il en tombera des perles, des diamants et toutes les pierreries du monde, et, si
vous lui refusez à boire, des crapauds, des gre-
nouilles et des vipères. Cette fée est la monar-

chie. Perrault dit que c'était une vieille fée toute ridée et décrépite.

Les grands écrivains haussent les épaules et continuent de donner aux générations l'exemple des marches intrépides. Et leur présence dans les rangs républicains — à l'avant-garde toujours — suffirait à démontrer le droit de la République. Car qu'est-ce que la grandeur des écrivains, poëtes, historiens, philosophes, si elle ne consiste pas précisément à dominer les événements, à voir de haut et de loin, à voir d'un siècle dans le siècle suivant, à annoncer ce qui arrive? Les hommes supérieurs sont les témoins de l'avenir. Quand le jour se lève, son premier rayon est pour les cimes des collines; c'est aussi par les cimes de l'intelligence humaine que commence l'aube des renouvellements.

XXII

LEDRU-ROLLIN

———

Le dernier jour de la triste année 1874 aura
été marqué par un douloureux événement :
Ledru-Rollin est mort. Il est mort aujourd'hui,
31 décembre, à neuf heures du matin, dans sa
maison de Fontenay-aux-Roses. Il avait soixante-
six ans. Il est mort subitement, d'une crise d'une
maladie organique du cœur. Ce n'est pas à la
hâte qu'on peut parler dignement de cet homme
considérable. Rappelons seulement, en quelques
mots, ses principaux actes.

Ce fut en 1832, — il avait alors vingt-cinq ans
et il était avocat à Paris, — qu'il entra dans la
vie politique, en rédigeant, au lendemain de
l'insurrection de juin, une consultation contre

l'état de siége. Deux ans après, au lendemain des journées d'avril, il publia une brochure intitulée *Mémoire sur les événements de la rue Transnonain.* Il se présenta pour la députation en 1839, à Valery-sur-Somme, échoua, se représenta deux ans après, au Mans, en remplacement de Garnier-Pagès, qui venait de mourir, fit une profession de foi républicaine qui lui valut un procès, eut toutes les voix moins trois, et fut dès lors un des orateurs que le pays écouta et que le gouvernement craignit.

Ledru-Rollin succédant à Garnier-Pagès, c'était la force qui succédait à la souplesse, c'était le tempérament remplaçant l'esprit, c'était, après le causeur insinuant dont le fin museau furetait dans tous les recoins des questions, l'orateur léonin qui emplissait la tribune de ses rugissements et qui, de sa crinière fauve, balayait les ministères.

On se souvient, sans que nous en reparlions, de sa lutte contre le gouvernement de Louis-Philippe, de ses discours contre les traitements infligés aux prisonniers politiques du mont Saint-Michel, contre l'indemnité Pritchard, contre la flétrissure appliquée par M. Guizot aux légitimistes coupables de fidélité à leur dogme et à leur prince, et pour les idées socialistes quand, en

1844, en 1845 et en 1847, il se fit le défenseur des travailleurs contre les pseudo-républicains qui ne voulaient de la République que le mot.

Il fut seul alors, non-seulement à la Chambre, mais encore dans la presse. Et, pour avoir un organe, il dut fonder *la Réforme,* où il eut pour second ce vaillant et bon Ribeyrolles dont nous avons eu l'honneur d'être le camarade d'exil à Jersey et à Guernesey, et qui est allé mourir au Brésil, assassiné par la misère et par l'empire.

La grande heure de la vie de Ledru-Rollin fut en février 1848. Il avait pris une part active à la campagne des banquets réformistes. M. Guizot trouvait que deux cent mille électeurs c'était bien assez, et il disait à ceux qui aspiraient à faire partie du « pays légal » : Enrichissez-vous ! Les médecins, les professeurs, les avocats, les académiciens, etc., trouvaient que l'intelligence valait bien l'argent, et demandaient à voter. Louis-Philippe aima mieux mourir en exil.

Louis-Philippe parti en fiacre et embarqué à Honfleur, il y eut ce que les monarchistes appellent une usurpation du pouvoir. C'est-à-dire que quelques hommes dévoués se laissèrent traîner à l'Hôtel de ville. En y allant, Ledru-Rollin dit à Lamartine : « Mon ami, nous allons au Calvaire. » — Et jamais parole n'a été plus vraie.

On peut dire tout ce qu'on voudra contre les hommes de Février. Aucun d'eux ne s'attendait à une révolution si brusque. Ils ont été improvisés, disons plus juste, bombardés gouvernement. Ils n'étaient pas prêts. Ils ont commis toutes les fautes de gens pris au collet par les événements et auxquels le fait dit brutalement : Tout de suite ! Mais, quoi qu'on leur reproche, et qu'on ait le droit de leur reprocher, ils peuvent accepter le reproche sans baisser la tête, et se contenter de répondre : — C'est possible, mais nous avons fait deux choses : nous avons aboli la peine de mort en matière politique et nous avons institué le suffrage universel.

La peine de mort politique a été rétablie depuis —par l'empire, car les républicains, qui sont des buveurs de sang, renversent l'échafaud, et les monarchistes, qui respectent la vie humaine, guillotinent. Le coup d'État a guillotiné Charlet, Cirasse, Cuisinier, etc., mais la Révolution de 1848 n'en a pas moins arboré le grand principe, et, le jour où la vie de l'homme sera sacrée, c'est la République qu'il faudra en remercier.

C'est également la République que le peuple doit remercier de l'avoir fait souverain. Louis-Philippe a sacrifié son trône et sa dynastie plutôt que d'ajouter dix mille électeurs aux deux cent mille qui avaient droit de citoyen. Il a empêché ainsi l'extension progressive du suffrage. Alors le suffrage universel accumulé a crevé sa digue, et, au lieu du suffrage élargi par degrés, on a eu tout d'un coup le suffrage universel. Les révolutions n'ont pas la patience des maîtres nageurs qui apprennent par degrés à l'enfant les mouvements des pieds et des mains. Elles ont la brusquerie de jeter un peuple en plein suffrage universel et de lui dire : Nage comme tu pourras ! Le peuple a bu plus d'une gorgée d'eau salée, plus d'une année d'empire, mais maintenant il sait nager.

La reconnaissance des peuples est quelquefois parésseuse. Le suffrage universel, qui devait tant à Ledru-Rollin, ne le nomma, pour la Constituante, que dans un seul département, Saône-et-Loire, et encore il lui fallut là le patronage de Lamartine. Il eut sa revanche aux élections pour la Législative, où cinq départements, la Seine, l'Allier, le Var, Saône-et-Loire et l'Hérault, l'élurent à la fois, et où il fut presque élu dans la Gironde, dans la Haute-Garonne, dans les Bouches-du-Rhône, dans la Seine-Inférieure, dans le Gard, dans le Gers, dans l'Eure et dans la Sarthe. Il fut à la Législative ce qu'il avait été à la Constituante, ce qu'il avait été à l'Hôtel de ville, ce qu'il avait été partout. Quand Louis Bonaparte préluda à l'assassinat de la République française par l'assassinat de la République romaine, il protesta : « La Constitution est violée, nous la défendrons par tous les moyens, même par les armes. » Et comme il le disait, il le fit. Le 13 juin, il était au Conservatoire des Arts et Métiers avec l'artillerie de la garde nationale. Il y fut cerné par la troupe, parvint à s'échapper par la porte du jardin, se cacha vingt-trois jours dans la banlieue, puis gagna la Belgique et de là l'Angleterre, où il resta jusqu'à la fin de l'empire.

On peut dire qu'à ce moment sa vie fut finie. Il fit bien quelques livres : *le 13 Juin, la Décadence de l'Angleterre, la Loi anglaise* ; un journal : *la Voix du Proscrit,* etc.; mais il était parleur bien plus qu'écrivain, et l'exil est un milieu où Victor Hugo grandit et où Ledru-Rollin diminue. Les vingt ans d'empire furent pour ce grand tribun vingt ans d'éclipse. Et, lorsque l'empire tomba, Ledru-Rollin, fatigué, désorienté, désemparé, n'était plus Ledru-Rollin. Quand, au commencement de l'année qui finit, nous l'avons proposé aux électeurs de Vaucluse, c'était moins lui que son nom que nous portions, mais c'était encore, dans la petitesse actuelle, quelque chose que l'ombre de cette grande figure.

Ledru-Rollin est mort — autant qu'on peut
mourir, même sur terre, quand on a été un des
grands acteurs du drame de son siècle. Non, il
n'est pas mort, et il ne mourra jamais, l'homme
qui a fondé le suffrage universel, c'est-à-dire la
souveraineté du peuple, et pas un électeur
aujourd'hui, ni demain, ni jamais, n'écrira un
nom quelconque sur un bulletin sans y écrire
en même temps, qu'il le voie ou non, le nom de
Ledru-Rollin.

31 décembre 1874.

L'enterrement de Ledru-Rollin a eu lieu hier.
Le grand citoyen qui a eu une si large part dans
la fondation du suffrage universel a été accompagné au Père-Lachaise par une foule énorme.
Cette foule s'attendait à quelque grande manifestation orale. Il lui semblait naturel, et même
nécessaire, que Ledru-Rollin ne s'en allât pas
sans un adieu solennel. Il lui paraissait qu'on
aurait pu demander à Louis Blanc de parler au
nom du gouvernement provisoire de février, à
Gambetta de parler au nom de la gauche radicale, à Victor Hugo de parler au nom de l'exil.

On nous objecte que la famille et Ledru-Rollin lui-même ont désiré qu'il n'y eût pas de discours sur sa fosse. Lui-même ? comment l'aurait-il pu, puisqu'il est mort subitement ? Sa famille ? un homme comme celui-là n'appartient pas seulement à sa famille. Il appartient à sa cause et à son pays. Une délégation de la gauche radicale aurait aisément fait comprendre à Mme Ledru-Rollin que son mari était l'homme de la République et de la France, et Ledru-Rollin aurait eu des adieux dignes de lui. Les républicains de l'Assemblée ont eu tort de ne pas envoyer chez Mme Ledru-Rollin pour lui dire que Ledru-Rollin méritait d'être salué à son départ par des paroles que Paris écouterait et que lirait le monde.

Mais que peut-on regretter quand on a assisté au grand et touchant spectacle dont nous sortons? quand on a vu cette foule prodigieuse qui emplissait la rue de Charonne, le cimetière, la place, les boulevards? quand on a entendu cet immense cri de *Vive la République! Vive le suffrage universel!* Ce cri ne dit-il pas tout?

Quel admirable peuple que ce peuple de Paris! Quel profond cœur il a! Quelle reconnaissance des services rendus! Il y a vingt-six ans que Ledru-Rollin lui a donné le suffrage universel, et pour lui c'est hier, et il l'en remer-

cie avec sa cordialité du premier jour. Le peuple
était accouru de partout, il avait tout quitté. Et,
d'un cri, il a remplacé tous les discours.

Le peuple, lui, a fait son devoir.

2 janvier 1875.

XXIII

MADAME PAUL MEURICE

———

Nous venons d'enterrer la femme de notre
cher collaborateur et frère Paul Meurice. Elle a
succombé à une longue et douloureuse maladie
qui, depuis plusieurs mois, ne laissait plus
aucun espoir, et dont les souffrances lui ont été
adoucies par l'admirable dévouement avec lequel
son mari l'a soignée. Mme Paul Meurice sera
regrettée longtemps et profondément de tous
ceux qui l'ont connue.

C'était une femme exceptionnellement douée.
Elle était femme du monde, femme de ménage,
et artiste. Elle s'entendait à merveille à la tenue
de sa maison, aux travaux d'aiguille, à l'arran-

gement intérieur, et elle était familière avec les chefs-d'œuvre. Ingres, chez qui elle avait passé une partie de son enfance et dont elle était comme la fille, lui avait donné l'intelligence et la pratique de la grande peinture, et elle a fait des copies excellentes. Elle avait la même aptitude à la musique, et elle exécutait Beethoven comme elle exécutait Titien.

C'était une généreuse femme, dévouée à ses amis, infatigable pour obliger. Elle avait l'amitié fidèle et vaillante. Plus d'une fois, quand le coup d'État nous jeta hors de France, elle traversa la mer pour apporter aux expatriés un peu de leur cher Paris.

Mais c'est pendant le siége qu'il fallut la voir. Ici, je laisse la parole au grand poëte qui lui a adressé ces vers de *l'Année terrible* :

Vous qui, dans l'affreux siége et dans l'épreuve auguste
Fûtes vaillante, calme et charmante, bravant
Cette guerre hideuse et ce noir coup de vent,
Belle âme que le ciel fit sœur d'une âme haute,
Femme du penseur fier et doux, dont j'étais l'hôte,
Vous qui saviez donner appui, porter secours,
Aider, lutter, souffrir, et sourire toujours...

Et Victor Hugo pensait certainement à Mme Paul Meurice, quand, à une autre page du même livre, dans la *Lettre à une Femme*, il rendait cette justice aux Parisiennes du siége :

> Elles acceptent tout, les femmes de Paris,
> Leur âtre éteint, leurs pieds par le verglas meurtris,
> Au seuil noir des bouchers leurs attentes nocturnes,
> La neige et l'ouragan vidant les froides urnes,
> La famine, l'horreur, le combat, sans rien voir
> Que la grande patrie et que le grand devoir!

Une foule innombrable a reconduit celle qui était digne de ces vers, députés, journalistes, littérateurs, artistes, et des milliers d'amis inconnus, car on aura beau faire, on n'empêchera jamais ce généreux peuple de Paris d'aimer ceux qui l'aiment, et de le leur témoigner.

On est allé directement de la maison mortuaire au Père-Lachaise.

Quand le corps a été descendu dans le caveau, Victor Hugo a prononcé de grandes paroles qui ont produit une émotion indicible. Les applaudissements, que la sévérité du lieu n'avait pas toujours pu contenir, ont à la fin éclaté de toutes parts. Et ç'a été à qui serrerait la main du grand poëte républicain. Les mères lui apportaient leurs enfants en le priant de les embrasser.

Et nous avons ramené chez lui notre pauvre ami en larmes. Voilà bien des fois déjà, mon pauvre Paul, que toi et moi nous portons en terre des êtres chers. Comme la vie serait sombre, s'il n'y avait pas le devoir! Dès demain, frère, remets-toi à la grande tâche, à la propagande du progrès, à l'œuvre de libération et d'amélioration. Tu es de ceux qui ont besoin, pour souffrir moins, de travailler à diminuer la souffrance des autres.

13 novembre 1874.

XXIV

LES ENTERREMENTS CIVILS

Je trouve M. le préfet du Rhône bien mou.
Quand on s'engage dans de certaines voies, il
faut aller jusqu'au bout. M. Ducros s'arrête à
mi-chemin. Il fait des concessions. Fixer les
heures où ces abominables libres-penseurs auront le droit d'être enterrés, c'est leur reconnaître
le droit d'être enterrés. Le moyen âge se com-
portait autrement avec les excommuniés; il
les traînait sur des claies, les jetait à la voirie,
et abandonnait aux chiens ces pourritures.
Voilà qui était entier. Voilà qui diminue M. Ducros.

Monsieur Ducros, votre arrêté pactise avec

l'impiété. Votre arrêté a des accommodements avec l'enfer. « Enfouissement » tant que vous voudrez, ça n'en sera pas moins un enterrement. Ces mécréants enterrés! Vous croyez vous justifier en disant qu'ils ne seront pas enterrés passé six heures du matin en été et passé sept heures en hiver. Sept heures en hiver, soit; il fait nuit; mais six heures en été, c'est le grand jour. Aujourd'hui, par exemple, au moment où nous vous parlons, savez-vous à quelle heure le soleil se lève? à trois heures cinquante-huit minutes. Regardez le calendrier, monsieur Ducros, regardez le calendrier. De trois heures cinquante-huit minutes à six heures, cela fait deux heures deux minutes! L'impiété aura donc deux heures deux minutes pour s'étaler au soleil et pour scandaliser les honnêtes gens, dont la plupart, il est vrai, à ces heures-là, ronflent pieusement; mais enfin la religion de ceux qui auront passé la nuit au bal ou au jeu ou à souper avec des filles risquera d'être offensée en rentrant par le spectacle d'un libre-penseur porté au cimetière comme un homme!

Eh bien! cet arrêté si insuffisant, si modéré, si timoré, il y a des journaux du gouvernement qui voudraient l'atténuer encore! Un journal orléaniste, entre autres, insinue qu'on a mal compris l'arrêté de M. Ducros, que cet arrêté est à mille lieues d'en vouloir aux enterrements civils. Seulement, il s'est passé, à de certains enterrements civils, des choses effroyables. Le journal orléaniste cite un enterrement civil qui lui fait dresser les cheveux sur la tête. C'était l'enterrement d'un adjoint au maire de Lyon, du nom de Chaverot. « On a promené d'une manière inconvenante le cadavre *par les rues de la cité.* » Un convoi qui passe « par les rues », tout le monde conviendra que c'est affreux. Le cortége commençait par « les membres d'une confrérie démagogique qui portent la dénomination bouffonne d'*Enfants de la veuve* ». Quelle bouffonnerie, en effet, cette association de citoyens qui se fait la famille des pauvres femmes et des pauvres petits à qui la mort enlève leur soutien ! Ce n'est que bouffon, mais voici l'infamie : ces Enfants de la veuve « se ceignent les reins d'une écharpe sang de bœuf ». Or, peut-on rêver quelque chose de plus monstrueux que cette couleur d'écharpe ? Sang de bœuf est aussi horrible qu'œil-de-bœuf est charmant. Il y a dans le bœuf une chose exécrable : le sang, et une chose exquise : l'œil. Donc, ce n'est pas aux enterrements civils que le préfet Ducros en veut, c'est uniquement aux écharpes sang de bœuf. Il n'avait pas à descendre à des détails de costume et à choisir aux Enfants de la veuve la couleur de leur écharpe : il a trouvé plus simple de leur laisser porter leurs écharpes de la couleur qu'ils voudraient; seulement ils les porteront la nuit, à l'heure où toutes les écharpes sont grises.

Nous ne savons pas jusqu'à quel point le préfet du Rhône sera reconnaissant aux journaux de son gouvernement de plaider les circonstances atténuantes d'un acte pour lequel il s'attendait plutôt à une glorification. Mais il y aurait injustice de sa part à ne pas tenir compte de l'embarras où son arrêté met les orléanistes, encore mal habitués à être cléricaux et obligés de faire leur évolution sans renier trop brusquement leur passé. Ils viendront à vous, soyez tranquille, monsieur Ducros, et ce sont peut-être ces voltairiens qui seront les premiers à reparler des billets de confession, et ce sera une joie pour les âmes pieuses de voir, dans les profondeurs de l'inconnu, l'ombre de Louis-Philippe échanger son parapluie contre un goupillon.

Mais qu'importe à M. Ducros la timidité momentanée de ses admirateurs? En attendant que leur enthousiasme s'enhardisse, il a sa conscience. Il sait ce qu'il a fait et ce qu'il sera désormais. Il sera celui qui a fixé une heure aux

enterrements civils, l'heure nocturne où l'on
enlève les immondices, l'heure où les corbillards
fraternisent avec les voitures Richer. Il sera celui
qui a eu l'idée des funérailles inodores et qui
a inventé la vidange de la mort.

———

Un représentant du peuple est mort à Versailles
et y a été enterré. La loi est qu'aux enterrements
des représentants il y ait une délégation de l'Assemblée. Le mort, M. Brousses, était un libre-
penseur. Quand les délégués ont su que le cercueil ne passait pas par l'église, ils se sont reti-
rés et ont emmené les cuirassiers, violant ainsi la
loi et faisant un affront public à l'Assemblée dans
la personne d'un de ses membres. M. Brousses
a légué quatre cent mille francs à partager
entre les cinquante familles les plus pauvres de
sa commune.

Quelques personnes s'indignent. Mais quoi!
répond un journal orléaniste, « la conscience
n'est-elle plus libre en France? » Oui, c'est au
nom de la liberté de conscience qu'on met hors
la loi un député qui n'a pas la même con-

science que ses collègues. Et le journal orléaniste continue : « Nous demandons si ce ne serait pas une étrange violation de la conscience de contraindre des catholiques à suivre un convoi de libre-penseur? » Et nous demandons, nous, si ce n'est pas une égale violation de la conscience de forcer des libres-penseurs à suivre un convoi de catholique? Et quand se gêne-t-on pour le faire? Est-ce que tous les jours on n'envoie pas à des enterrements·catholiques de dignitaires, de députés, de fonctionnaires, etc., des soldats parmi lesquels il y a des libres-penseurs? Est-ce que cette « violation de la conscience » ne se fait pas sous toutes les formes? Est-ce qu'avant d'envoyer, comme on fait maintenant, tous les dimanches, la musique militaire dans les églises, on demande aux musiciens à quoi croit leur trombone ou si leur ophicléide va à confesse?

Supposons que, la première fois qu'on enterrera un député de la droite et que le détachement désigné pour lui faire la conduite n'aura pas la religion du mort ou n'aura pas de religion du tout, ce détachement, voyant qu'on porte le corps à l'église, tourne le dos au cercueil et regagne sa caserne en sonnant de tous ses clairons; supposons qu'un musicien commandé pour Saint-Eustache soit juif, et qu'il refuse de souffler pour une religion qui accuse les juifs d'avoir crucifié Dieu : nous doutons fort que les chefs de corps dispensassent le musicien de l'église et le détachement du cimetière; mais ce dont nous ne doutons pas, c'est que la liberté de conscience, ce soir-là, coucherait à la salle de police.

Nous avons de vagues raisons de soupçonner que le ministre de la guerre a une autre façon d'entendre la discipline que ceux qui reconnaissent aux cuirassiers le droit d'examiner le caractère du service qu'on leur commande, et qu'il y aurait quelque imprudence à se figurer, d'après les journaux orléanistes, que la liberté de conscience, qui permet aux détachements catholiques de tourner le dos aux enterrements libre-penseurs, permet également aux détachements libre-penseurs de tourner le dos aux enterrements catholiques. Et les orléanistes pourraient bien s'attirer une bonne réprimande de leurs alliés pour s'être risqués à une théorie aussi subversive. Mais il faut passer quelques maladresses aux nouveaux convertis. Ces voltairiens d'hier, réduits à emboîter le pas derrière les cléricaux, sont dans la situation naturellement gauche de gens qui, fourrés, un peu de force, dans une procession, et n'ayant pas l'habitude du cierge qu'on leur a planté dans la main, laissent couler le suif sur leurs doigts et sur leurs habits et se couvrent pieusement de brûlures et de taches.

Une confusion que la faction cléricale voudrait bien qu'on fît, c'est de prendre, les enterrements civils pour la négation de l'immortalité de l'âme. Non pas, s'il vous plaît. On peut croire à l'immortalité de l'âme sans croire à l'infaillibilité du pape. On peut croire à Dieu sans croire au clergé. On peut croire à une autre vie sans éprouver le besoin de s'y faire introduire par les prêtres qui ont chanté le *Te Deum* du Deux-Décembre. Les prêtres ont intérêt à prétendre que quiconque se passe d'eux s'avoue charogne, que l'âme leur appartient, que l'immortalité est leur chose ; mais ce sont là des cadeaux que, pour notre part, nous ne leur faisons pas.

Ils ne réussiront pas à faire la confusion qu'ils voudraient, et, pas plus par le mensonge que par la violence, ils ne pourront en finir avec la libre pensée, supprimer les droits de l'homme, arracher du fronton de la société moderne cette date sacrée : 89...

Arracher 89...

C'est une chose qui a déjà été tentée plus d'une fois. L'échelle a été appliquée au mur, l'échafaudage a été dressé, et le ciseau a tâché de mordre. Mais la pierre est dure et le ciseau s'y ébrèche; mais la pierre est vivante, et repousse qui la touche; et plusieurs de ceux qui ont osé attenter à la date éternelle sont tombés à la renverse, leur échafaudage avec eux, et se sont cassé les reins sur les pavés.

XXV

EDGAR QUINET

––––––

27 mars 1875.

Edgar Quinet est mort aujourd'hui, à Versailles, à l'âge de soixante-douze ans, d'une grippe qui a tout à coup dégénéré en pneumonie. Celle qui reste seule nous écrivait, il y a quelques jours : « Mon mari voulait vous écrire lui-même ; malheureusement, il est très-souffrant. » Mais sa robuste nature avait résisté à tant de choses, qu'on espérait qu'elle résisterait à celle-là. Cette fois, le mal a été le plus fort. Edgar Quinet est mort ce matin à cinq heures. Il a conservé jusqu'à la fin sa connaissance et sa sérénité.

Edgar Quinet avait le droit de mourir, ayant fait sa part dans le travail du siècle.

Il avait commencé tout jeune, par la philosophie. Mais sa philosophie n'était pas une abstraction égoïste, c'était une réalité vivante et militante. Pour la faire plus sensible, il l'incarna dans un drame : *Ahasvérus*. La légende, élargie, devint l'histoire de l'humanité tout entière. Ce livre, aussi profond qu'étrange, dit à l'homme : Marche! marche! marche toujours! Il ne permet pas au progrès de s'asseoir, et il le pousse sans relâche du fond du passé au fond de l'avenir.

Dès lors, la vie de Quinet fut un combat. Combat pour toutes les vérités et pour toutes les libertés, combat contre toutes les tyrannies et contre tous les mensonges. Il combattit avec les deux armes : il écrivit et il parla. En 1842, il eut, au Collége de France, la chaire de langue et de littérature de l'Europe méridionale. Michelet avait déjà, depuis quatre ans, la chaire de morale et d'histoire. Ce furent les grands jours du Collége de France. Tous deux, fraternellement, enseignèrent la Révolution; tous deux prirent corps à corps le seul ennemi redoutable, l'esprit jésuitique; tous deux éclairèrent, allumèrent, enflammèrent les jeunes foules qui se pressaient à leurs cours. Edgar Quinet avait fait, quelques années auparavant, un poëme sur Prométhée. Les deux grands professeurs, comme Promé-

thée, mettaient au cœur des jeunes gens l'étin-
celle qui fait vivre. Eux aussi étaient des faiseurs
d'hommes.

Il va sans dire qu'eux aussi en furent punis.
Edgar Quinet le premier. En 1846, on l'arracha
de sa chaire. Les jeunes gens et les journaux
indépendants eurent beau protester, le gouvernement eut pour lui la majorité des professeurs.
Mais ne faut-il pas que les gouvernements se
préservent? Deux ans après, le gouvernement
était par terre.

Edgar Quinet se mêla vaillamment à la révolution de Février. Il fut nommé aussitôt colonel
de la 11ᵉ légion de la garde nationale de Paris.
Puis cinquante-cinq mille électeurs de l'Ain le
choisirent pour les représenter à la Constituante.
Il y siégea à l'extrême gauche. Le même département eut encore l'honneur de le renvoyer à
la Législative. Il ne faisait pas seulement des
lois, il faisait aussi des livres. Ce fut vers ce
temps-là qu'il publia un de ses plus beaux, les
Révolutions d'Italie.

Et puis, ce fut l'infâme nuit de Décembre.
Edgar Quinet fut expulsé de France. Il l'avait
bien mérité. L'homme du guet-apens reconnaissait que de certaines poitrines ne devaient pas
respirer le même air que la sienne. L'expatrié

alla d'abord à Bruxelles, puis à Veytaux, pour respirer l'air libre de la montagne et de la République. Il s'y refit une patrie dans la pensée et dans le travail. Il y écrivit les *Esclaves, Marnix,* la *Campagne de 1815, Merlin l'Enchanteur,* la *Révolution,* etc. Il y resta tant que l'empire vécut, ou sembla vivre. Il méprisa ce que l'empire essaya d'appeler l'amnistie. Il n'admit pas que l'étrangleur de tous les droits et de toutes les lois pardonnât ses crimes aux autres. En 1869, une des circonscriptions de Paris lui offrit une candidature : il refusa, ne voulant pas prêter serment au faux-serment et ne voulant pas, même pour renverser Louis Bonaparte, lui ressembler.

Il ne rentra, comme Victor Hugo et Louis Blanc, que lorsque l'empire, ayant rempli sa fonction fatale, qui est d'attirer l'invasion, et ayant ouvert aux Prussiens, fut sorti de France. Il accourut au secours de la grande ville. Il vint s'enfermer avec nous tous. Il vint avoir froid, avoir faim, être bombardé. Il eut sa part de ces cinq mois héroïques grâce auxquels la France est restée la France et qui font que, quand l'étranger nous dit en ricanant : Sedan ! et : Metz! nous pouvons lui répondre : Paris !

Paris ne serait pas Paris si, après cela, Edgar

Quinet n'avait pas été son représentant aux premières élections. Il le fut. Il eut deux cent mille
voix. Ce qu'il a été à l'Assemblée actuelle, nous
n'avons pas à le rappeler. Il a été lui, c'est tout
dire. La République, la liberté, le droit, l'avenir,
n'ont pas eu de plus ferme défenseur. Il les défendait à Versailles par son vote, et partout par
ses livres.

Que ce grand vieillard se couche doucement
dans le tombeau qu'il a bien gagné! Quant à
nous, nous lui devons de certaines funérailles.
Il ne faut pas qu'on recommence la faute qu'on
a commise à l'enterrement de Ledru-Rollin. Il
ne faut pas qu'on laisse partir Edgar Quinet sans
un adieu digne de lui et digne de la République.
Nous espérons que cet adieu sera ce qu'il doit
être, et que, sur cette fosse illustre et poignante,
quelqu'un parlera au nom de la République de
Février, quelqu'un au nom de la République
actuelle, et quelqu'un au nom de l'exil.

---

29 mars.

Les funérailles d'Edgar Quinet ont été ce
qu'elles devaient être. De fières et généreuses

paroles ont été dites sur l'exil, sur l'enseignement, sur les efforts à faire pour conquérir définitivement l'avenir. Paris écoutait. Paris était
venu reconduire au départ celui qui avait donné
sa vie à son pays, à l'idée, au progrès, à l'amélioration matérielle et morale de tous ; celui qui
avait tout accepté pour le service de la patrie et
de l'humanité ; qui, professeur, avait été arraché de sa chaire ; représentant du peuple, de
son siége ; Français, de la France.

Le corps de l'auteur des *Révolutions d'Italie* partait à onze heures du n° 69 du boulevard de la
Reine, à Versailles. Mme Edgar Quinet avait vaillamment voulu reconduire son mari jusqu'au
lieu où il faut absolument se séparer. A la porte
de Versailles, un conseiller municipal a dit
adieu au grand citoyen qui a fait à Versailles
l'honneur de l'habiter pendant trois ans. A Paris, le rendez-vous était place du Roi de Rome,
devant le pont d'Iéna. Bien avant l'heure indiquée, une foule considérable s'y pressait, débordait sur le pont et s'étageait sur le Trocadéro. A
une heure un quart, le corbillard est arrivé,
suivi de quatre voitures de deuil et de deux voitures de place. Dans une des deux était Victor
Hugo. On l'a reconnu, et nous avons assisté à
une ovation incomparable, qui a duré tout le

parcours, qui a redoublé à l'entrée du cimetière, et qui a été telle à la sortie que le grand poëte républicain aurait pu être étouffé par l'immense foule qui se pressait pour le voir et pour le saluer, sans le dévouement de généreux citoyens qui ont risqué plusieurs fois de se faire renverser en se roidissant contre l'irruption de la foule.

Mme Edgar Quinet est descendue de voiture au pont d'Iéna, et s'est mise à suivre virilement à pied le corps de son mari. Nous n'avons pas besoin de dire de quelle émotion les assistants ont été saisis devant la douleur héroïque de cette noble femme qui ne quittait pas plus son mari dans la mort qu'elle ne l'avait quitté dans l'exil.

Quatre discours ont été prononcés : le premier par Victor Hugo, au nom de l'exil; le deuxième, par M. Laboulaye, au nom du Collége de France; les deux autres par MM. Gambetta et Brisson, au nom des républicains de l'Assemblée. Cette fois, on ne pourra pas dire que la démocratie a mal enterré celui qu'elle a perdu.

Remercions les quatre orateurs dont Paris a applaudi et dont la France lira les discours. Mais remercions surtout cet admirable peuple, si fidèle, si cordial, si pénétré de ce qu'on fait pour lui. O notre grand Paris si calomnié, et qui mérites, en effet, de l'être par ceux qui sont capables de te haïr, — ceux qui te défendent et qui défendent ce que tu personnifies ont à subir les injures, les violences, les persécutions, la prison, l'exil, quelquefois la mort, mais tu les aimes, et ils sont payés.

XXVI

Lundi, à l'heure même où Paris faisait à Edgar Quinet les funérailles qu'il lui devait, on enterrait Mélingue. Edgar Quinet est allé directement au cimetière et Mélingue a passé par l'église. Il y a un fait à noter dans cette coïncidence de l'enterrement civil d'un écrivain et de l'enterrement religieux d'un comédien.

Nous approuvons l'un et nous ne désapprouvons pas l'autre.

Edgar Quinet a eu raison de conformer sa mort à sa vie, d'affirmer sa conviction jusque dans la fosse, de ne pas être hypocrite, de pratiquer ce qu'il avait enseigné, de rendre à la libre pensée l'hommage suprême. Mélingue n'a pas eu tort, s'il croyait aux prêtres, de se faire enterrer par un prêtre. A chacun son droit. Nous laissons aux autres la liberté de croire; nous voulons seulement que les autres nous laissent la liberté de penser.

L'enterrement religieux de l'acteur qui a tant de fois ému et passionné la foule ne nous inspire qu'une réflexion. Il nous rappelle le souvenir d'un autre acteur à qui non-seulement l'église, mais le cimetière a fermé ses portes, et pour lequel « un peu de terre » n'a été « obtenu » que « par prière » et à la condition expresse que son tombeau ne dépasserait pas le sol de plus de six pouces. Cet autre acteur s'appelait Molière.

Aujourd'hui, les acteurs ne sont plus excommuniés. Les églises leur sont toutes grandes ouvertes. La porte ne se fermerait plus à l'auteur du *Misanthrope*. Mais l'auteur du *Misanthrope* n'y frapperait plus. Les penseurs de ce siècle, Lamennais, Michelet, Edgar Quinet, etc., n'acceptent plus d'être reconduits par ceux qui ont maudit leurs pères. Et l'on voit, le même jour et à la même heure, Mélingue enterré par un prêtre et Edgar Quinet enterré civilement ; l'Église offrant ses secours au comédien, et l'écrivain les refusant. Double revanche de Molière.

XXVII

LES DROITS DE LA FEMME

———

Il y aurait un bel éclat de rire en France si quelqu'un demandait qu'on donnât aux femmes le droit de voter dans les élections! Ceux qui éclateraient le plus seraient les royalistes « de bon sens », ceux dont l'idéal est de l'autre côté de la Manche, les anglais. Le parlement, leur parlement! livré aux femmes? l'idée seule de cette extravagance ferait craquer tous les boutons de leur frac et de leur importance.

Eh bien, cette Angleterre qu'ils admirent et qu'ils voudraient nous faire imiter, cette patrie et ce paradis des parlementaires, vient d'examiner, très-attentivement, la question du droit électoral des femmes, et il n'a manqué au droit, pour être voté par la Chambre des Communes, que *trente-cinq* voix.

Il va sans dire qu'il y a eu des haussements d'épaules et des gorges chaudes. Il y a partout un « grand parti de l'ordre ». Il y a partout des « politiques sages », des « gens pratiques », des « hommes sérieux ». Ces hommes sérieux se sont tordus sur leurs bancs à la pensée que des femmes pussent avoir la prétention d'être leurs égales. Un nommé Bouverie a trouvé extrêmement drôle qu'une femme osât avoir une autre ambition que de lui raccommoder ses chaussettes, et il n'a pas hésité à déclarer que toutes celles qui réclamaient des droits politiques étaient des ivrognesses. Le « grand parti de l'ordre » a chaleureusement applaudi ce Bouverie.

L'auteur de la proposition, M. Jacob Bright, a répondu aux applaudissements et aux injures par des raisons. Pour ne pas brusquer le progrès, il réduisait sa demande au vote des femmes qui payent l'impôt de *householder* (propriétaire). Or, la dernière loi électorale dit que quiconque paye l'impôt des *householders* a droit de voter; qu'importe que le *householder* soit un homme ou une femme? est-ce que la même charge n'implique pas le même privilége? est-ce que le même devoir ne contient pas le même droit? On doit le vote à qui doit l'impôt. Au reste, la proposition n'était pas même une nouveauté, ce n'était qu'une extension et une conséquence. En Angleterre, les femmes votent déjà dans de certains cas : dans les élections municipales et dans les élections des comités scolaires. Par quelle contradiction celles qu'on juge aptes à choisir les maires et les instituteurs perdraient-elles à l'instant toute lucidité et toute intelligence dès qu'il s'agirait de choisir les députés ?

M. Jacob Bright aurait pu ajouter qu'il était singulier que la capacité politique fût contestée aux femmes dans le pays — d'une reine. Nous savons ce qui lui aurait été répondu : la reine d'Angleterre règne et ne gouverne pas. Mais on a vu la réalité de cette fiction dans la dernière guerre, quand le ministère anglais, inquiet de l'agrandissement démesuré de la Prusse, a dû s'y résigner en songeant de qui le prince de Prusse était le gendre, et sacrifier l'avenir de l'Angleterre à la maternité de la reine.

Les rieurs comptaient avoir avec eux le cabinet, dont le chef, l'année dernière, s'était prononcé contre l'émancipation politique des femmes et, à propos de cette même question de leur droit électoral, avait exprimé « sa surprise et son désappointement de voir la Chambre s'occuper d'une pareille mesure tendant à ébranler les fondements de l'ordre social, au moment où tant d'autres affaires sollicitaient son attention ». Mais une des nombreuses dissemblances des ministres anglais avec les nôtres, c'est que, lorsque les ministres anglais s'aperçoivent qu'ils ont fait ou dit une bêtise, ils ne se croient pas forcés de s'y entêter et, parce qu'ils ont eu tort une fois, condamnés à n'avoir jamais raison. Nos hommes d'État, à nous, quand ils ont été imbéciles, le restent ; ils ont la stupidité tenace ; ils se cramponnent à une ineptie comme à leur rocher, et on n'a encore trouvé aucun moyen de les en arracher, ni de les ouvrir.

En un an, M. Gladstone avait réfléchi, et il n'a pas rougi de venir avouer qu'un ministre anglais pouvait être capable de réflexion. Il a reconnu qu'après examen la proposition de M. Jacob Bright lui semblait légitime en principe, et, sans penser qu'elle fût réalisable immédiatement et avant de certaines modifications dans l'exercice matériel du suffrage, il a parfaitement admis le droit des femmes qui remplissent les conditions exigées des hommes, et il s'est rallié complétement à ce principe que l'égalité devant l'impôt exige l'égalité devant le vote.

Cette adhésion à échéance n'a pas semblé suffisante aux partisans de la proposition, et il y a

eu cent cinquante voix pour le vote immédiat
des femmes.

Une telle minorité pourrait bien, un jour ou
l'autre, devenir la majorité. Et alors, que diraient
ici les gens « raisonnables », pour qui le vote des
femmes est la dernière des bouffonneries, et
pour qui George Sand n'est pas digne de voter
avec les fermiers de M. de Lorgeril; qu'est-ce
que diraient les parlementaires, quand leur
parlement idéal, leur parlement par excellence,
le parlement anglais, se ferait élire par les
femmes?

Nous ignorons ce qu'ils diraient ce jour-là,
mais ce que nous disons, nous, dès à présent,
c'est qu'il y a près d'un siècle qu'on a proclamé
les droits de l'homme, et qu'il serait temps qu'on
proclamât les droits de la femme; c'est que, jusqu'à ce qu'on l'ait fait, nous n'aurons de l'Égalité
qu'une fausse signature sur les murailles, car il
n'y a qu'un faussaire qui ait pu signer *Égalité* un
état de choses où la moitié du genre humain est
la servante de l'autre moitié.

Mai 1871.

XXVIII

UNE CONDAMNÉE A MORT

———

Une femme a été condamnée à mort. Oui, une femme. A Chartres. Ce que cette femme a commis, nous ne le savons pas, et nous ne voulons pas le savoir. Ce n'est pas son crime que nous défendons. Coupable, criminelle, scélérate, soit; les juges ont dit qu'elle l'était, elle l'est.

Mais c'est une femme.

Eh bien, quoi, une femme? Pourquoi les femmes ne subiraient-elles donc pas, elles aussi, la responsabilité de leurs actions? Un homme tue : on le tue. Une femme tue : pourquoi ne la tuerait-on pas? Pourquoi les femmes seraient-elles traitées autrement que les hommes?

De fait, qu'avons-nous à dire? Ne demandons-nous pas perpétuellement que les femmes soient les égales des hommes? Eh bien, voici un lieu où elles le sont : la plate-forme de l'échafaud. Est-ce qu'elles n'ont pas le même bourreau? est-ce qu'on ne les pousse pas sur la même bascule? est-ce qu'on ne leur coupe pas le cou avec le même couperet? est-ce que leur tête ne tombe pas dans le même panier? De quoi se plaignent-elles? Si elles veulent être les égales des hommes, elles n'ont qu'à assassiner, qu'à empoisonner leur père, qu'à étrangler leur mère, qu'à couper leurs enfants en morceaux.

Eh bien, non, ce n'est pas cette égalité-là que nous voulons pour les femmes. D'abord, nous ne voulons de l'échafaud pour personne; nous n'en voulons pas pour les hommes non plus. Nous avons contre la peine de mort toutes les raisons que nous avons dites bien des fois et que nous redirons jusqu'à ce qu'on les entende. Mais quand même la loi aurait le droit de tuer les hommes, elle n'aurait pas le droit de tuer les femmes.

Tant que l'égalité ne sera qu'un mot que les révolutions écrivent sur les murailles et sur la porte des édifices publics et que les réactions se hâtent d'y effacer, tant que la femme, qui peut être reine en Angleterre et en Espagne, ne pourra pas être libre en France, tant que la femme ne sera pas l'égale de l'homme devant la loi civile, elle ne doit pas être son égale devant la loi pénale. Il n'est pas possible que, de tous les droits de l'homme, la femme n'en ait qu'un : le droit à la guillotine!

XXIX

Il y aura dimanche prochain, à Arles, des courses de taureaux. Il y en a eu dimanche dernier à Beaucaire. On ne saurait protester avec trop d'énergie contre l'importation de ces divertissements sanglants.

Déjà, sous l'empire, l'Espagnole qui régnait avait essayé d'introduire en France ces jeux de meurtre, et il avait même été question un moment de les amener jusqu'à Paris. Cette intention avait dû reculer devant la réprobation publique. Il n'est pas possible qu'on ose sous la République ce qui a fait rougir l'empire.

C'est une loi sévère que celle qui oblige les hommes à tuer les animaux. Ces meurtres sont la nécessité de la vie, et il faut s'y résigner sous peine de suicide. Mais faire de ces meurtres un amusement, rire d'un taureau qu'on affole en lui mettant du rouge devant les yeux et des pointes dans la chair, battre des mains à ses blessures, à son sang qui ruisselle, à ses entrailles qui sortent, jouir de son agonie, c'est là une barbarie qui nous exempterait de nous apitoyer sur les spectateurs si un taureau blessé, enjambant furieusement la balustrade, plantait quelque bon coup de corne dans la poitrine des rieurs.

Nous avons mieux à emprunter aux autres nations que ces spectacles féroces. Laissons à l'Angleterre ses combats de coqs, et tâchons de lui prendre sa liberté de la presse. Laissons à l'Espagne ses courses de taureaux, et tâchons de lui prendre sa résistance aux invasions.

XXX

LA LIBERTÉ DE LA PRESSE

Sous le premier empire, la liberté de la presse
n'existait pas même de nom. Une seule voix avait
le droit de parler : celle du maître. Quand un
journal n'était pas rédigé d'une façon qui lui
plût, l'empereur donnait congé aux rédacteurs et
les remplaçait par des écrivains à lui. L'empereur
était le rédacteur en chef de tous les journaux.
Cela n'a pas empêché Napoléon d'aller mourir à
Sainte-Hélène.

Les lois de la Restauration n'étaient pas tendres
pour la presse. Un article de journal envoyait
un écrivain tresser des chaussons de lisière avec
les voleurs dans une maison centrale. Cela ne
parut pas suffisant à Charles X. Le 25 juillet 1830,

les ordonnances en finirent avec ce qu'il restait du droit de penser. Quatre jours après, Charles X s'en allait mourir à Goritz.

Le 28 juillet 1835, Louis-Philippe passait une revue sur les boulevards. Il en était au boulevard du Temple, quand une effroyable explosion retentit ; une grêle de balles se rua sur l'état-major et sur la foule, blessant et tuant ; le roi n'eut rien, mais dix-huit personnes périrent. On monta dans une maison que dénonçait la fumée : on y trouva une machine infernale et un homme qui n'avait pu fuir, estropié qu'il était d'un éclat de la machine. Cet homme fut guillotiné, avec deux complices. On sait que, lorsqu'un crime est commis, c'est toujours la faute aux journaux. On fit donc les lois de septembre. La presse fut frappée, muselée et bâillonnée. Résultat : Louis-Philippe est mort à Claremont.

Le général Cavaignac suspendit des journaux sans jugement et mit des journalistes au secret. Puis il se présenta pour la présidence de la République. On nomma son concurrent.

Le second empire essaya de tout contre la presse. De la violence, cela va sans dire. Son premier acte fut l'occupation armée des imprimeries de *l'Événement* et du *National*. Il essaya de la censure, de l'autorisation préalable, de l'avertissement, de la suspension, de la suppression, de la police correctionnelle, des amendes, de la prison, de la saisie, de l'arrestation des journalistes jetés à Mazas sans jugement et même sans mandat. Aucun de ces moyens ne lui ayant réussi, il revint à l'étranglement pur et simple. Le 11 août 1870, un commissaire de police, accompagné d'une troupe et porteur d'un papier signé Baraguay d'Hilliers, mettait les scellés sur les presses d'un journal. Trois semaines après, l'empire était mort.

L'année suivante, « sur l'avis du conseil du gouvernement », un arrêté du général Vinoy suspendait six journaux d'un coup, et interdisait la publication de tout nouveau journal jusqu'à la levée de l'état de siége. Cet arrêté était daté du 11 mars. Sept jours après, Paris était en insurrection, et le gouvernement de M. Vinoy, et M. Vinoy, s'enfuyaient à Versailles.

La Commune fit la même chose. Le 18 mai, un décret du comité de salut public supprima dix journaux. Le surlendemain, la Commune avait cessé d'exister.

Le gouvernement qui l'avait vaincue suivit son exemple. Interdiction de la voie publique, procès, amendes, prison, suspension sans jugement suppression de par le bon plaisir de l'état de siége, toutes les formes de la persécution furent bonnes contre la presse républicaine. Elle fut justiciable des conseils de guerre. Il y eut des condamnations à la déportation pour des articles de journal. Il y eut même une condamnation à mort. Hâtons-nous de dire qu'elle ne fut pas exécutée. Le journaliste n'est mort que de la déportation. Il n'y avait pas huit jours que ce gouvernement venait de supprimer un journal, quand il fut renversé par ceux même à qui il en avait accordé la suppression.

Ainsi, tous les gouvernements l'un après l'autre ont attenté au droit de la pensée, et tous les gouvernements l'un après l'autre ont péri. Et cette presse, qu'ils ont poursuivie, qu'ils ont frappée, qu'ils ont supprimée, existe toujours. On tue un journal, deux journaux, dix, vingt, cent, on ne tue pas la presse. Elle enterre tous ses meurtriers. Voilà plus de soixante ans qu'on s'acharne après elle, et elle est plus vivante que jamais, et il n'y a jamais eu autant de journaux, et ils n'ont jamais eu autant de lecteurs. Il nous semble que, si nous étions gouvernement, cela nous ferait réfléchir, et que nous concevrions des doutes sur l'efficacité de violences qui n'empêchent pas plus la presse de continuer qu'elles n'empêchent les gouvernements de finir.

Il nous semble que nous nous dirions qu'il n'y a pas de raison pour que nous soyons sauvé par ce qui a perdu les autres, et pour que la loi qui ne s'est pas démentie une seule fois dans un siècle se démente exprès pour nous. Il nous semble qu'il ne nous viendrait pas à l'idée de nous croire un gouvernement d'une espèce privilégiée et souveraine pour qui la destinée prendra la peine de faire une exception. Il nous semble que tant de leçons nous suffiraient, et que nous entendrions Napoléon-Premier, Napoléon-Dernier, Charles X, Louis-Philippe, Cavaignac, le gouvernement de la Défense nationale, la Commune et M. Thiers nous crier : Ne touchez pas à la presse ! Il nous semble que ce qui leur est arrivé ne nous inspirerait pas l'envie de faire comme eux, et que, puisque la compression n'a jamais réussi à personne, nous essayerions de la liberté.

XXXI

LES JUGES DE LA PRESSE

La liberté de la presse? On aurait le droit de penser et de dire ce qu'on pense? Et si l'on pense que je suis un gredin, que j'ai étranglé ma femme, que j'ai crocheté des coffres-forts? On pourra donc le dire, et l'écrire, et l'imprimer, et il n'y aura pas de répression? On pourra imprimer que je suis capable de tous les crimes, et on en sera quitte pour dire qu'on le pense? Ceux qui prennent cela pour une objection, confondent deux choses fort distinctes : il s'agit des relations de la presse avec les gouvernements, et non des relations de la presse avec les particuliers.

Nous admettons que, dans certains cas, la dif-

famation puisse donner lieu à une action personnelle. La diffamation n'a pas, en général, l'inconvénient qu'on lui suppose. Quel est l'homme un
peu éminent qui n'ait été diffamé, injurié, outragé
dans sa vie publique, calomnié dans sa vie privée, et quel est l'homme un peu éminent qui ait
daigné faire un procès à ses calomniateurs? On
les laisse se faire juger par la conscience universelle, qui les condamne à une peine autrement
dure qu'une amende : le mépris. Quand le calomnié n'a pas une notoriété qui le sauvegarde,
nous acceptons qu'il mette son intérêt ou sa
considération sous la protection de la justice.
Mais ceci se passe entre journaux et citoyens, et
ne regarde pas le gouvernement.

Le gouvernement? Eh bien, dit un journal
royaliste, quand un journal « apportera au foyer
une obscénité de chaque jour à haute ou à petite dose, de façon que, si une jeune fille jette
par hasard un coup d'œil sur le journal qui
traîne, elle sentira l'aiguillon entrer dans sa
chair »; — quand « les vérités morales et les vérités religieuses » seront méconnues ou atta-
quées, et qu'on justifiera les voleurs; — quand
« le gouvernement lui-même sera secoué »,
qu' « on attaquera son principe », et que, « si
l'on pense qu'il est mauvais, on prêchera la ré-

volte, » est-ce que cela ne regardera pas le gouvernement? Est-ce qu'il laissera sans rien dire l'aiguillon entrer dans la chair des jeunes filles? est-ce qu'il ne défendra pas la morale et la religion? est-ce qu'il ne se défendra pas lui-même, et est-ce qu'il attendra, les bras croisés, les coups de fusil?

D'abord, nous écartons la dernière question. Il s'agit de discussion et non d'appel aux armes. L'appel aux armes est un fait violent et révolutionnaire, qui sort des conditions normales de la presse. Il est la guerre, et il accepte les lois de la guerre. L'appel aux armes peut être infâme, et il peut être légitime. Et ce n'est pas toujours celui qui est infâme qui serait puni. Les journalistes de 1830 qui ont signé la Déclaration sans laquelle il n'y aurait peut-être pas eu de barricades seraient condamnés par le journal qui nous parle ; en revanche, il acquitterait les journalistes de 1792 qui appelaient contre le gouvernement d'alors, non pas le peuple à l'insurrection, mais l'étranger à l'invasion !

En ce qui touche les obscénités, nous parlions politique, on nous répond immondice. Nous répondrons, à notre tour, que les journaux qui ont l'habitude d'être frappés par les gouvernements ne sont pas ceux qui démoralisent. Les gouvernements sont pour la presse ce qu'ils sont pour le théâtre. C'est toujours *le Roi s'amuse* qu'ils interdisent, ce n'est jamais *la Timbale d'argent.*

Reste l'attaque aux « vérités ». Les vérités sont si précieuses qu'on ne saurait les entourer de trop de garanties. Le malheur est que Pascal a dit : « Vérité en deçà, erreur au delà. » Ce qui est le vrai à droite est le faux à gauche. Il faut des peines contre le « mensonge » ? Est-ce que toutes les doctrines ne se disent pas l'une à l'autre : « Tu mens! » Qui sera juge?

Qui sera juge? C'est toujours là qu'il faut en revenir. Quand même nous accorderions qu'il faut des procès de presse, il faudrait des juges. Opinions politiques, opinions sociales, opinions religieuses, cela est bon ou mauvais, cela est vertueux ou criminel, cela mérite l'éloge ou la prison, soit; qui prononcera? Les journaux catholiques ne seraient pas embarrassés. Un d'eux, l'autre jour, récusait les cours d'assises, les tribunaux correctionnels, les tribunaux administratifs anonymes, les tribunaux révolutionnaires, il récusait en tas   la juridiction étroite, violente et incompétente des hommes ». En effet, pour condamner une opinion politique, sociale ou religieuse, la première condition est l'infaillibilité du juge. Un juge infaillible? Les journaux catholiques le possèdent; c'est l'Église. Nous comprenons qu'alors ils demandent des lois contre la presse, et nous en demanderons avec eux le jour où nous croirons à l'infaillibilité du pape.

En attendant, nous répétons : qui sera juge? Le tribunal correctionnel, répondait l'empire. Le jury, répond l'espèce de république qu'on nous fait. Et la question de savoir si la presse sera livrée aux jurés ou aux juges correctionnels a pour les journaux indépendants toute l'importance qu'a pour les poissons la sauce à laquelle ils seront mangés.

L'article 1er de la loi du 7 août 1848 disait: « Tous les Français âgés de trente ans, jouissant des droits civils et politiques, seront portés sur la liste générale du jury, sauf le cas d'incapacité ou de dispense. » Mais ce principe était agréablement corrigé dans l'application. Même avant le coup d'État, l'administration de M. Bonaparte en était arrivée à une telle perfection dans la pratique que le parquet ne se donnait même plus la peine d'exercer son droit de récusation. Les journaux étaient condamnés à coup sûr et à l'unanimité, et nous nous souvenons d'un journal dont, en 1851, tous les rédacteurs sans exception étaient à la Conciergerie.

Ce jury-là n'a pas suffi à l'empire. Tous les

Français âgés de trente ans jurés de droit? Un droit au peuple? Allons donc! Ce droit, le peuple ne l'exerçait pas, sans doute : il n'aurait plus manqué que cela; mais on le lui reconnaissait; c'était écrit; raturez-moi vite cette stupidité. Et comme l'empereur le commanda, le Corps législatif le fit. La rature, c'est la loi de 1853.

Donc, depuis 1853, il ne s'est plus agi d'un tirage (lisez triage) sur une liste qui, pour Paris, pouvait être de quatre cent mille noms. Ces quatre cent mille noms furent réduits, — savez-vous à combien? — à *deux mille !* Dans les départements, le chiffre des jurés possibles flotta de trois à quatre cents.

Ainsi, c'est sur deux mille noms à Paris, et sur trois cent cinquante, en moyenne, dans les départements, que les jurés furent choisis. Mais par qui? Dans les départements, une première commission, composée pour chaque canton du juge de paix et des maires, c'est-à-dire de fonctionnaires du gouvernement, proposait une liste préparatoire contenant un nombre de noms triple de celui qui avait été fixé pour le contingent du canton par l'arrêté de répartition. Le choix définitif était fait ensuite au chef-lieu de l'arrondissement par une seconde commission, d'où les maires eux-mêmes étaient exclus comme étant un peu moins fonctionnaires que les autres, et formée uniquement des juges de paix, présidés par le préfet ou par le sous-préfet. En cas de partage des voix, le préfet en avait deux. A Paris, le choix préparatoire était fait dans chaque arrondissement par le juge de paix, le maire et ses adjoints, et le dernier triage par le préfet assisté des juges de paix.

Il semble qu'après que, sur une population de deux millions d'âmes comme est celle de Paris, on avait soigneusement collectionné six mille noms, et que sur ces six mille on en avait rejeté quatre mille, les deux mille restants auraient dû n'avoir plus d'examen à passer. Mais il n'y a d'infaillible que le pape ; et encore, vous avez vu que le pape avait laissé assister au dernier concile un faux évêque ; il aurait donc pu arriver qu'un préfet laissât se glisser au jury un faux bonapartiste. Alors, attendez : voici le procureur impérial.

Une circulaire, en date du 26 août 1853, décida que les juges de paix devaient communiquer au procureur impérial les listes provisoires, pour qu'il fît vérifier au greffe du tribunal de première instance si les casiers judiciaires ne constataient aucune incapacité dans la personne des citoyens portés sur la liste ; car, en somme, on peut être bonapartiste et repris de justice. Accordé. Mais la circulaire ajoutait que le procureur impérial devait avertir le président de la commission d'arrondissement s'il connaissait, en outre, « des causes *morales* d'ingratitude ». Une autre circulaire (26 janvier 1857) ne se contentait pas de si peu. Elle recommandait aux procureurs généraux et aux procureurs impériaux près les cours d'assises de signaler aux procureurs impériaux près les tribunaux d'arrondissement les citoyens *qui n'auraient pas montré l'aptitude convenable pour continuer à figurer sur les listes du jury.* Ces documents, conservés avec soin dans chaque parquet, devaient être consultés lors de la révision des listes annuelles. Vous vous figurez quelle pouvait être pour un procureur impérial ou général « l'aptitude » d'un juré qui lui avait refusé une condamnation. Avec ces dénonciations qui mettaient tous les jurés « sous la haute surveillance », j'allais dire de la police, il n'était pas impossible qu'un intrus parvînt à s'insinuer une fois dans le jury, mais il n'y avait pas de danger qu'il y séjournât.

On conçoit à quel degré d'épuration ces éliminations successives avaient amené le jury, et comme un filtrage si consciencieux en avait expulsé absolument toute la lie révolutionnaire.

Si tout ce beau travail y avait laissé une parcelle républicaine et si l'on n'avait pas obtenu ainsi l'essence du dévouement et l'élixir de l'impérialisme, c'eût été à renoncer au métier de distillateur politique.

Une *Revue pratique du droit français,* fondée et dirigée par M. Émile Ollivier, contenait, sous ce titre : *De l'organisation actuelle du jury dans ses rapports avec le jugement des délits de presse,* une étude signée : « Paringault, professeur honoraire à la Faculté de Nancy et ancien procureur impérial. » Nous extrayons de cette étude les passages suivants : « Les listes du jury sont enrichies de notes particulières sur chaque individualité au point de vue de l'aptitude, de la moralité, de la fermeté *et des opinions politiques.* Chaque année, aux termes des instructions, les commissions sont invitées à exclure des listes du jury tout citoyen qui n'inspire pas une entière confiance à ce quadruple point de vue, et il est même dressé, dans chaque arrondissement, une petite statistique de ces épurations. Le choix des jurés transformés en fonctionnaires étant fait exclusivement par d'autres fonctionnaires très-amovibles, on comprend que *toute personne du concours de laquelle l'administration ne se croit pas bien assurée se trouve invariablement mise à l'in-*

dex. » —.« Par suite de l'intervention, incontestablement très-active, du procureur impérial dans le choix des jurés, lui et le préfet se trouvent être les deux grands électeurs des listes du jury. Aussi est-il vrai de dire que la loi actuelle procure à l'administration *des jurés selon son cœur.* » — « Avec le jury tel qu'il est trié aujourd'hui, il semble qu'il n'est rien qui soit laissé à l'aventure dans sa composition. » — « Dans la situation actuelle, le jury constitue une nouvelle catégorie de fonctionnaires que l'administration nomme et révoque à son gré. »

La loi qui régissait la composition du jury était telle que même la chambre de 1853 ne la vota pas sans des velléités de résistance. Mais à ceux qui protestaient contre cette intervention de la politique dans la justice, le ministre d'État opposait une circonstance atténuante. Cette circonstance atténuante, sans laquelle il reconnaissait que la loi n'aurait pas été possible, c'était que le jury, tel qu'on l'organisait, n'aurait pas à connaître des délits de politique ni des délits de presse.

Le ministre disait : « C'est en enlevant à la compétence du jury les délits politiques et les délits de presse que le gouvernement a commencé l'œuvre qu'il entend accomplir aujourd'hui. » Et le rapporteur traduisait : « Sous l'empire des anciennes chartes, la réforme proposée eût soulevé de vives, *d'invincibles oppositions*. Mais l'attribution des délits politiques et des délits de presse à d'autres juridictions lève aujourd'hui ces obstacles. » Pour caractériser d'un dernier mot le jury impérial, il suffit de rappeler qu'en 1867, un projet de loi présenté au Corps législatif ayant donné occasion à quelques députés de demander le jury pour la presse, le rapporteur expliqua le refus de la commission par la crainte d'une « sévérité excessive ».

Le mode de formation du jury Dufaure ne diffère pas essentiellement du mode de formation du jury impérial. C'est pourquoi la perspective d'être jugés par le jury ne cause aux journaux qu'un enthousiasme tiède.

Si le jury n'est pas pris à même le peuple, nous aimons mieux la magistrature. Les magistrats, au moins, sont responsables personnellement. Ils sont face à face avec la conscience publique, dont ils ont incessamment le regard ouvert tout grand sur leurs arrêts. On les connaît par leur nom. Un nom peut être un châtiment. Il est dur d'avoir à traverser l'histoire avec *Laubardemont* ou *Jeffreys* sur le front. Le juge à qui l'empire fit mordre le plus de journaux, M. Delesvaux, fut si peu glorieux de ses morsures qu'un jour il se tua. Au lieu que les jurés sont anonymes. Quoi qu'ils aient fait, chacun d'eux peut toujours dire : Ce n'est pas moi! Il peut arriver qu'un juré qui vous a condamné le matin avec acharnement, vous rencontrant le soir dans un salon, vous serre la main avec effusion et vous dise : Ont-ils été féroces! Un juré peut être implacable sans représailles, servile sans flétrissure, lâche sans peur. Les juges frappent en plein jour, et les jurés dans les ténèbres.

XXXII

LA CENSURE

C'est toujours comme cela. La révolution de Juillet supprime la censure : le gouvernement de Louis-Philippe la rétablit. La révolution de Février supprime la censure : le gouvernement de Louis Bonaparte la rétablit. La révolution de Septembre supprime la censure : le gouvernement du maréchal de Mac-Mahon la rétablit. Ainsi de tous les progrès. Tout ce que fait une révolution, une réaction s'empresse de le défaire. Et les réactionnaires se demandent pourquoi les révolutions recommencent.

On comprend la censure sous la monarchie. Elle va avec l'ensemble. Le peuple est mineur, il lui faut une tutelle. On lui choisit le répertoire

qu'on lui permet de voir. Une mère ne conduit
pas sa fille à toutes les pièces. La censure est la
mère de cette petite fille, la France.

Mais quand on est en démocratie, quand le
peuple est émancipé, quand il a le suffrage universel, quand c'est lui qui nomme ses législa-
teurs, quand il est souverain, qu'est-ce que ce
souverain à qui un censeur confisque un vaude-
ville comme un pion confisque un roman à un
élève de huitième? Le pays a le droit de choisir
son gouvernement, et il n'a pas le droit de choisir son spectacle!

Le prétexte de la censure est l'immoralité et
l'obscénité qui pourraient s'étaler sur la scène.
C'est avoir une singulière opinion du public que
de croire qu'il consentirait longtemps à cet étalage. En ce qui touche l'immoralité, allez au premier mélodrame qui passera, et voyez avec
quelle indignation le traître est accueilli, avec
quelle rage et quelle anxiété son supplice est
attendu, et quelle explosion de bravos lorsqu'on
le démasque! Qu'on ose ne pas récompenser la
vertu et ne pas punir le crime au dénoûment!
Parfois, l'honnêteté du public est allée jusqu'à
poursuivre le personnage dans l'acteur, et jusqu'à guetter et huer le traître à sa sortie du
théâtre. Quant à l'obscénité, son vrai moment

de floraison et d'épanouissement a été sous l'empire, donc en pleine censure. C'est tout simple : si le théâtre n'est pas libre, il contracte tous les vices de la servitude. Il est comme les esclaves des comédies antiques, corrompu et corrupteur. D'ailleurs, cela ne le regarde plus. Il ne dit que ce qu'on lui laisse dire et ne fait que ce qu'on lui laisse faire. C'est l'affaire de ses maîtres, non la sienne. Il n'a plus de responsabilité, et par suite plus de conscience. Et le public n'a bientôt pas plus de conscience que l'auteur. Puisque ce n'est pas à lui qu'on laisse le discernement du bien ou du mal, puisqu'il y a des dégustateurs officiels qui empêchent de lui verser tout ce qui est poison, tout ce qu'on lui verse est donc bon à boire. Il n'est plus rien, et le gouvernement est tout. C'est le gouvernement qui fait la pièce, c'est le gouvernement qui la joue, c'est le gouvernement qui danse le cancan, c'est le gouvernement qui souligne les couplets à équivoque. Nous ne voyons pas ce que le gouvernement gagne à prendre pour lui toute la responsabilité que se partageraient l'auteur et le public, mais nous voyons ce que le public et l'auteur y perdent. On aurait l'air de dire une chose absurde et on dirait une chose vraie en disant que la censure déprave le théâtre.

Mais, nous le répétons, la morale n'est que le prétexte. La raison, c'est la politique. *Le Cid* est obscène parce qu'il déplaît à Richelieu, et le *Tartuffe* est impie parce qu'il déplaît au clergé. On recommande à la censure, tout haut, de protéger la pudeur publique, et, tout bas, de protéger le gouvernement. Tel est le but réel de cette vertueuse institution.

Et ici encore, deux exemples suffiront à donner une idée des résultats qu'elle obtient et à démontrer comme le droit d'empêcher la représentation des pièces est un préservatif infaillible contre les révolutions.

Une fille tombée, Marion de Lorme, veut remonter. Le poëte lui tend la main et l'aide. La montée est rude. L'expiation est sanglante. Celui pour qui Marion se purifie apprend ce qu'elle a été et lui crache son passé à la figure. Et puis, il est condamné à mort pour un duel, elle peut le faire évader, et il aime mieux mourir que de vivre avec elle. Alors, elle a vraiment assez souffert, et, au pied de l'échafaud, il lui pardonne. Ce drame clément qui fait de Marion ce que l'Évangile fait de Madeleine, ce drame austère qui égale la peine à la faute et qui ne lave la pécheresse qu'avec ses larmes, — a été interdit par la censure. Pourquoi? parce que

Louis XIII y joue le rôle qu'il a joué dans l'histoire et que ce portrait trop ressemblant d'un roi plié sous un prêtre pouvait affaiblir le respect dû à la royauté. Mais on avait la protectrice des gouvernements. Ici, la censure! Mords-moi ça! Pas de représentation! L'art perdra un admirable drame et une grande leçon, mais Charles X conservera le trône.

C'est grâce à la censure que Charles X n'a pas été congédié en 1830.

Un bouffon de cour a insulté un père qui demandait compte au roi de sa fille séduite et déshonorée. La paternité, offensée dans la personne de Saint-Vallier, ne tarde pas à punir Triboulet. Triboulet a ri d'un père à qui le roi avait pris sa fille, il y aura un père à qui le roi prendra sa fille, et nous verrons si Triboulet rira encore : ce père, ce sera lui! Mais la peine n'est pas suffisante. Triboulet veut punir celui qui a déshonoré Blanche. Le guet-apens est dressé, le couteau s'aiguise. Mais Blanche aime François Ier; elle se fait tuer à sa place, et, quand un éclair montre à Triboulet la figure qu'il croyait celle du roi, la figure est celle de Blanche! Le père insulteur d'un père a tué sa fille. Ce drame, qui est la paternité vengée, a été interdit par la censure de Louis-Philippe. Il est vrai qu'il y a, au troisième acte, un vers où les courtisans avaient cru découvrir une allusion à un fait peu glorieux pour le père du roi. Ce vers aurait pu atteindre le fils dans le père et compromettre la solidité du trône. Dès lors, qu'importait la paternité vengée! Allons, censure, qu'on empêche *le Roi s'amuse*. A bas la paternité, et que Louis-Philippe règne à jamais!

C'est grâce à la censure que Louis-Philippe n'a pas été congédié en 1848.

XXXIII

UN SUICIDE

—

Le 3 juin, la veuve Plais, de Faverolles (Eure-et-
Loir) était malade et avait fait venir le médecin.
Le fils de la malade, Albin Plais, âgé de vingt-
deux ans, sortit avec le médecin, et, un quart
d'heure après, rentra avec un breuvage : « Tiens,
dit-il à sa mère, voilà le remède que le médecin
t'a ordonné. » Puis il s'en alla, chargeant sa sœur
du reste. Sa sœur avait vingt ans. La mère but.
Quelques jours après, elle était morte. Anna, la
sœur, alla chercher deux voisines pour l'aider
à ensevelir le corps. Une de ces deux femmes,
voyant un mouchoir au cou de la morte, voulut
l'ôter. Anna se jeta sur elle et défendit qu'on
touchât au mouchoir. Cela donna des soupçons

aux deux femmes. Elles parlèrent, la justice vint, on ôta le mouchoir, et on vit la trace d'une corde. Le fils et la fille dirent alors que la morte s'était suicidée.

Ils mentaient — et ils disaient vrai.

Ils mentaient, car ils avaient assassiné leur mère. Avec des détails horribles. Le breuvage qu'Albin lui avait fait boire était de l'eau-de-vie où il avait fait macérer un demi-paquet d'allumettes chimiques. Elle avait été prise de vomissements ; le fils et la fille avaient espéré six jours ; mais, comme elle n'en finissait pas, ils s'étaient ennuyés d'attendre et l'avaient aidée. Tous trois couchaient dans la même chambre, le frère avec la sœur. Onze heures sonnant, Albin avait dit à Anna : « C'est le moment ! » Il avait pris une corde à laquelle, avant de se coucher, il avait fait un nœud coulant. Il y avait de la lune. Il s'était assuré que sa mère dormait, lui avait passé la corde au cou, et avait tiré si violemment — comme un *chevau,* a dit Anna dans l'instruction, — que le corps était tombé du lit et s'était cogné à la cheminée. La malheureuse s'était débattue effroyablement ; le fils avait mis le genou sur l'épaule de sa mère et avait tiré de toutes ses forces jusqu'à ce que le râle eût cessé. Alors il s'était écrié : « Ah !

vieille nom de Dieu, te voilà donc crevée ! » et avait replacé le corps sur le lit. Le fils avait défait la corde, et la fille avait mis le mouchoir. Tous les parricides sont atroces, mais ce parricide à deux est double. Ce parricide qui dure six jours, qui commence par empoisonner et qui finit par étrangler, est pire que tout. Et le mobile était aussi vil que l'acte était exécrable. Le fils et la fille n'avaient rien contre la mère : ils l'assassinaient par cupidité, pour hériter un peu plus tôt. Ils viennent d'être jugés par la cour d'assises d'Eure-et-Loir. Le fils a eu des circonstances atténuantes. La fille a été acquittée. Nous trouvons que les jurés ont bien jugé.

C'est qu'en effet, en même temps qu'un parricide, il y avait là un suicide.

Il faut savoir comment ce fils et cette fille avaient été élevés, et ce qu'étaient la mère et le père. Il va sans dire qu'Anna ni Albin n'avaient appris à lire. Quand on ne va pas à l'école, on va ailleurs. La mère emmenait Anna à la maraude. Albin y allait tout seul. Ce fut toute leur enfance. La guerre de 1870 fut une bonne fortune pour cette famille. Le village de Faverolles eut la chance de se trouver entre deux batailles: Patay et Lagny. La nuit, le père, la mère, le fils et la fille se glissaient, volaient les morts, ramassaient tout ce qu'avaient laissé derrière eux nos soldats en retraite, et revendaient le tout à des juifs allemands. Ce fut le commencement de l'honnête pécule qui a fait tuer la mère par les enfants — et qui avait déjà, selon toute apparence, fait tuer le père par la mère. Car, en mars 1871, le père mourut subitement, un jour qu'il avait dit à sa fille : « Je ne sais pas ce que ta mère m'a donné à boire, mais c'était diantrement mauvais. »

Eh bien! alors, qu'est-ce qu'ont fait le frère et la sœur, que ce qu'on leur a fait faire? Quelle éducation ont-ils reçue? On ne leur a enseigné qu'à voler, à piller, à convoiter, à prendre la montre sanglante dans la poche du cadavre, à achever les blessés qui défendaient leur bourse. Ils ont profité des leçons. Oui, c'est la mère qui est l'auteur de sa mort. Oui, elle s'est suicidée en élevant ses enfants comme elle les élevait. Oui, elle s'est suicidée en leur donnant l'exemple d'empoisonner.

Les enfants n'auraient pas tué la mère, si la mère n'avait pas commencé par tuer l'intelligence et la conscience des enfants. La fille n'aurait pas tué la mère, si la mère, au lieu de l'emmener toute petite à la maraude, l'avait envoyée à l'école. En l'acquittant, les jurés

n'en ont que mieux condamné la vraie coupable:
l'ignorance. Quelle démonstration de la néces
sité de l'instruction obligatoire, ce pire des parricides que les jurés absolvent, et qu'ils ont raison
d'absoudre! quelle leçon au prétendu droit des
parents de séquestrer l'intelligence de l'enfant,
cette éducation criminelle qui se retourne contre l'éducatrice, cette mère qui, en apprenant à
ses enfants à voler et à tuer plutôt qu'à lire, s'est
condamnée à mort!

XXXIV

QUESTION DE JUSTICE

Donc, j'ai eu l'audace de dire que les parents sont imprudents d'envoyer leurs enfants à la maraude plutôt que de les envoyer à l'école, qu'ils s'exposent eux-mêmes en leur apprenant à voler et à tuer au lieu de leur apprendre à lire, et qu'une mère qui donne à sa fille et à son fils l'exemple d'empoisonner leur père pour de l'argent les invite à empoisonner leur mère pour de l'argent.

L'instruction améliorer? la lumière purifier? l'école un lieu d'assainissement moral? C'est tout le contraire! « Est-ce que l'assassin Lacenaire n'était point un lettré de première force? »

Et on nous cite « la statistique des récidives qui démontre que, plus le crime suppose de perversité dans le mal, plus il suppose aussi d'instruction dans le coupable. » La conclusion logique serait la suppression de toute instruction ; nous nous attendions donc qu'on allait bravement proclamer le principe de l'ignorance obligatoire et de l'abrutissement universel, — et nous sommes fort surpris quand on ajoute qu' « il faut, par tous les moyens possibles, contribuer à la diffusion de l'enseignement et des lumières ». Comment! plus de perversité suppose plus d'instruction, et vous voulez plus d'instruction! Vous voulez donc plus de perversité?

Donc, on reconnaît que l'instruction est bonne; oui, mais on essaye de se rattraper en ajoutant que l'éducation est bonne aussi. Si l'on ne hasarde jamais que des paradoxes de cette force, on ne court pas grand risque de soulever des contradictions violentes. Oui, l'éducation est bonne aussi. Vous avez raison, monsieur de la Palisse.

Oui, mais quelle éducation? Chacun a la sienne. Religieuse, répondent les journaux royalistes. Il y a beaucoup de religions. La religion du catéchisme, dit l'orléanisme, qui est religieux — pour le peuple. Celle du *Syllabus,* dit le cléricalisme, n'osant pas dire celle du bûcher. Sans compter celles que voudraient les protestants, les israélites, les mahométans, les mormons, etc. Nous qui ne sommes d'aucune de ces sectes, on nous accuse « de ne croire qu'à la matière et de réduire tout aux jouissances qu'on peut se procurer ici-bas ». Nous ne réduisons pas tout aux jouissances qu'on peut se procurer ici-bas. Nous croyons qu'il existe autre chose que la matière. Nous croyons à l'immortalité de l'âme, et plus qu'à son immortalité, à son éternité. Mais nous n'imposons pas notre croyance aux autres. On croit ce qu'on peut, et nous estimons bien autrement ceux qui, ne croyant pas, le disent, que ceux qui font semblant de croire. Nous aimerions infiniment mieux être athée comme Diderot que croyant comme Tartuffe. Nous ne confondons pas l'éducation avec la religion. Nous avons connu des matérialistes fort honnêtes, et plus qu'honnêtes, généreux, dévoués, héroïques ; on ne nous choquerait pas en prétendant même qu'un matérialiste honnête est plus honnête qu'un autre puisqu'il n'espère rien dans une seconde vie du bien qu'il fait dans celle-ci, puisqu'il n'est pas honnête pour en être payé à un taux usuraire, puisqu'il n'attend pas d'un moment de vertu une éternité de bonheur. Il n'est pas honnête par espoir de récom-

pense ni par peur de châtiment, par intérêt
ni par lâcheté : il est honnête par honnêteté.

Cette réserve faite, nous sommes les premiers
à accorder aux monarchistes qui nous contredisent l'importance énorme de l'éducation, depuis
l'éducation en petit que les pères donnent aux
enfants jusqu'à l'éducation en grand que les
gouvernements donnent aux peuples. Oui, impé-
rialistes, nous reconnaissons l'efficacité de l'éducation, et c'est pourquoi nous haïssons de toute
notre haine les gouvernements qui, comme
l'empire, donnent l'exemple du crime triom-
phant, obéi et glorifié, suppriment la pensée et
vautrent la nation dans les appétits. Oui,
orléanistes, nous reconnaissons l'efficacité de
l'éducation, et c'est pourquoi nous sommes prêts
à convenir avec vous de tout le mal qu'a fait à la
France le gouvernement dont le précepte était:
— *Enrichissez-vous !*

Oui, certes, l'éducation a sa part dans la moralisation humaine. En nous accordant que l'instruction y a aussi la sienne, on nous accorde
tout. Il faut donc instruire les enfants. Il le faut
absolument. Nul n'est maître de s'y opposer. Pas
plus le père que personne. Ces pauvres petits
êtres n'ont pas demandé à venir au monde : celui
qui les y a mis ne pourrait pas les séquestrer

sans que la loi intervînt; pourquoi pourrait-il les séquestrer intellectuellement? Il leur doit la nourriture de l'esprit comme celle du corps; il leur doit la lumière du dedans comme l'autre; il ne commettrait pas un plus grand crime en les enfouissant dans une cave où ils dépériraient d'inanition et où des bêtes gluantes ramperaient sur leurs tristes membres, qu'en les enterrant dans l'ignorance ténébreuse et malsaine où les vices rampent sur leurs misérables idées. S'il fait cela, qu'on les lui arrache! Le droit du père est sacré — jusqu'au moment où il attente au droit de l'enfant.

Soit, nous disent nos contradicteurs, on aurait dû instituer l'enseignement obligatoire. Mais on ne l'a pas fait. On aurait dû empêcher ces parents de séquestrer l'âme de ce fils, de la pervertir, de la dépraver, de la pourrir. Mais on ne l'a pas fait. Et, à l'heure qu'il est, l'âme du fils est pervertie, dépravée et pourrie. A l'heure qu'il est, le fils, par la faute de ses parents, soit, par la faute de la société, si vous voulez, est un bandit, un voleur, un assassin. C'est fâcheux pour lui, mais la société le prend tel qu'il est. Il a tué. Elle le tue.

Et cela s'appellerait la justice!

Si c'est par la faute de ses parents et de la société qu'il est ce qu'il est, son crime n'est pas son crime, c'est le crime de ses parents et de la société. Et la société le frappe! Elle le punit d'être ce qu'elle l'a fait!

Pour nous, ceci domine la question. Toutes les objections qu'on peut faire sont d'ordre inférieur. La peine de mort n'est pas seulement une peine, c'est un préservatif? Et l'on nous demande si, menacé de mort par un voleur, nous hésiterions à lui casser la tête d'un coup de pistolet. Non, assurément. Eh bien, comment la société n'aurait-elle pas le même droit que vous? Ceux qui nous demandent cela ne semblent pas se douter qu'un passant arrêté au coin d'une rue par un bandit qui lui met un couteau sur la gorge n'est pas un juge tranquille sur son siége devant un homme désarmé. Le passant ne juge pas, il se défend. Il n'y a pas besoin, pour tuer un homme, que cet homme soit un bandit. On tue, dans une bataille, un ennemi qui n'est pas un assassin, qui est quelquefois un héros. Il suffit que ce héros veuille me tuer pour que j'aie le droit de le tuer. Mais supposez-le désarmé et pris : tueriez-vous un prisonnier? Les accusés sont des ennemis prisonniers. Mais si vous ne tuez pas le coupable, il fera son temps de prison ou de bagne et emploiera ce temps à préparer des meurtres pour quand il sera libre? Et l'on nous donne pour exemple un voleur qui « s'ingéniait, dans les prisons, à réunir des complices pour des crimes futurs et organisait la bande qui, sous ses ordres, devait assassiner ». Et l'on ne s'aperçoit pas qu'au moment où celui dont on s'autorise aurait ainsi combiné un assassinat, il n'était en prison que pour vol, et que le raisonnement aboutirait à guillotiner non plus seulement les assassins, mais les voleurs.

La peine de mort un préservatif? La preuve que la peine de mort n'empêche pas les meurtres, c'est qu'elle existe depuis des siècles et qu'il y a toujours des meurtres. Mais, nous dit-on, sans la peine de mort, il y en aurait davantage. Le sujet ne prête pas à la plaisanterie, mais c'est le raisonnement connu sur l'empoisonnement par le tabac. — «Bah! répond celui qui fume, mon grand-père a fumé toute sa vie, et il a soixante-dix ans. — Eh bien, s'il n'avait pas fumé, il en aurait quatrevingt-dix ! » Non, tuer n'empêche pas de tuer. Non, si la loi ne tuait pas, on ne tuerait pas davantage. Au contraire, dans les pays où la peine de mort est abolie, les meurtres sont moins fréquents que dans les autres. Du reste, ceux qui invoquent la raison de l'exemple et de la terreur n'y croient pas eux-mêmes, car, s'ils y croyaient, ils ne se contenteraient pas de la guillotine, ils voudraient la vraie peine de mort avec toutes ses férocités et tous ses épouvantements, avec la torture préalable, avec le poing coupé, avec la roue, avec l'écartellement, avec le plomb fondu dans les veines, et cela en plein jour, en place de Grève, et toute la ville pour témoin. Mais une exécution au petit jour, là-bas, sans le dire, vite, vite, l'éclair d'un couteau, et une voiture qui file au galop, c'est un exemple, cela! Allons donc! Il faut choisir. La roue, ou pas d'échafaud. Redevenez le moyen âge, ou soyez le dix-neuvième siècle.

Mais, nous le répétons, toutes ces raisons s'effacent devant celle-ci : l'essentiel n'est pas de savoir si la peine de mort est efficace, c'est de savoir si elle est juste. Elle ne l'est pas tant que la société n'a pas fait son devoir envers l'enfant, tant que le criminel peut lui dire : Je suis ce que tu m'as fait, et tu as ta part dans mon crime. On nous parle de l'intérêt de la société. Le premier intérêt de la société est la justice.

XXXV

GALETTO

Dans l'affaire des bandits de la Taille, je note
celte phrase dite par le président des assises à
Galetto : « Votre aplomb n'a rien de surprenant;
vous êtes bien le digne fils du forçat Galetto, le
digne petit-fils du condamné à mort Orlano, le
digne cousin du condamné à mort Nardi. »

Ainsi, voilà un homme dont le grand-père et
le cousin ont été condamnés à mort, et que cela
n'a pas empêché, si l'accusation dit vrai, de
commettre une effroyable quantité d'assassinats.

Il n'y a pas de plus énergique démonstration
de l'inefficacité de la peine de mort. Qui arrêtera-
t-elle, si elle n'intimide pas ceux qu'elle a frappés
dans leurs parents, ceux qui l'ont vue chez eux

deux fois, ceux chez qui elle a coupé deux têtes ?

La phrase du président des assises des Bouches-du-Rhône semble vouloir dire qu'il y a des familles fatales où le meurtre est dans le sang et se transmet de père en fils. S'il existe, en effet, une fatalité et une hérédité à laquelle Galetto n'était pas libre de se soustraire, alors de quoi est-il coupable ? d'être le petit-fils de son grand-père et le cousin de son cousin ?

Nous ne croyons pas, pour notre part, à ces prédestinations au meurtre et à cette damnation du berceau. Notre conviction est que les pires instincts peuvent être améliorés par l'éducation. Et alors nous demandons à la société quelle éducation elle a donnée à Galetto. La société nous répond qu'elle a coupé le cou à son cousin et à son grand-père. Pour lui apprendre à ne pas tuer, elle a tué. C'est ce qu'elle appelle un exemple.

Nous aussi, nous appelons cela un exemple. L'enseignement le plus instructif, c'est l'enseignement en action. Peu de gens écoutent ce que dit la société, tous voient ce qu'elle fait. Or, la société est contre l'effusion du sang dans ses paroles, dans ses textes, sous la reliure de ses livres ; mais elle répand le sang sur les places

publiques, devant les multitudes accourues de
toutes parts. Lequel des deux enseignements est
le plus palpable et le plus saisissant? Oui, elle a
raison de dire que les exécutions sont des
exemples. Ce sont des exemples de tuer.

Devant ces hideux spectacles, on se dit machi-
nalement que, si la société, qui est impersson-
nelle, qui ne souffre qu'au figuré et qui a le
sang-froid d'une abstraction, ne fait pas mal en
tuant, il y a bien des circonstances atténuantes
pour le misérable qui tue par colère, par bru-
talité, par misère, même par cupidité, pauvre
chétive créature exposée à toutes les tentations
de la vie et à tous les coups de la destinée. Et
puis, il y a, dans cette mort en public et dans
cette fin théâtrale, une attraction horrible qui
donne le vertige aux consciences chancelantes,
et l'on a remarqué que la plupart des assassins
avaient assisté à des exécutions. Ce n'est peut-
être pas quoique son grand-père et son cousin
aient été décapités que Galetto a tué, c'est peut-
être parce qu'ils ont été décapités.

Et quand on pense que ceux qui prodiguent
aux foules cette éducation sanglante sont ceux
qui lui marchandent l'instruction, ce grand
adoucissement des mœurs! Quand on pense que
le plus accessible de leurs maîtres d'école, c'est

le bourreau! Quand on pense qu'ils font payer les leçons de lecture, d'écriture et de grammaire, et qu'ils ne donnent gratis que les leçons de meurtre!

XXXVI

UNE EXÉCUTION A JERSEY

Autre aspect de la loi qui tue.

Je ne raconte pas l'exécution, ça s'est passé à peu près comme toujours. On a craint un moment qu'elle ne se fît pas. Il n'y a pas de bourreau à Jersey ; il a fallu faire venir « l'homme de Londres », Marwood. Mais Marwood avait d'abord écrit qu'il était trop occupé pour faire le voyage. On pend beaucoup en Angleterre. Et ici je ne puis retenir une réflexion. On pend beaucoup en Angleterre, et ça n'y empêche pas les meurtres ? On avait pendu beaucoup avant de pendre Philippe Lebrun, et ces nombreuses pendaisons n'avaient pas empêché Philippe Lebrun d'assas-

siner? Alors comment croire que la pendaison
de Philippe Lebrun empêchera d'assassiner plus
que les autres? Donc, Marwood était en train de
pendre à Durham. Trois condamnés d'un coup.
Et il devait aller pendre à Liverpool. Deux. Mais,
entre ses trois pendaisons de Durham et ses deux
pendaisons de Liverpool, ne pouvait-il pas prendre
un instant pour venir pendre à Jersey? Il répondit
que ça dépendrait du prix qu'on voudrait y
mettre. On ajouta dix livres sterling aux dix que
rapporte au bourreau chacun de ses meurtres, et
lundi, le packet de Southampton débarquait sur
la jetée de Saint-Hélier l'assassin légal. Marwood
se promena deux jours dans l'île, qui est charmante, et jeudi matin il vint à la prison, se présenta à Philippe Lebrun, lui attacha les bras
derrière le dos, lui mit autour des jambes une
courroie qu'il ne serra pas assez pour l'empêcher
de marcher, lui passa au cou le nœud coulant
d'une corde terminée par un crochet, et, ce crochet à la main, emmena le condamné de sa cellule
à l'échafaud. Au pied de l'échafaud, le condamné
vit un tonneau plein de chaux vive et entendit
la lecture de sa sentence. Puis, il eut deux escaliers à monter, un qui le mit sur la plate-forme,
l'autre qui l'exhaussa au-dessus d'une trappe.
Marwood ajusta le crochet à un nœud d'une corde

fixée au gibet, tira de sa poche un bonnet de
toile blanche dont il coiffa la tête et la figure du
misérable, serra la courroie qui attachait les
jambes, fît jouer la trappe, et un homme fut
lancé dans l'éternité. La chute doit casser la
colonne vertébrale, mais, comme il y a des colonnes qui ne se cassent pas du coup, autrefois
le bourreau sautait sur les épaules du patient et
l'achevait à coups de talon. On a fini par trouver
que ce spectacle n'était pas de nature à inspirer
un respect immense de la loi, et maintenant
on fait le contraire. Au lieu de peser sur les
épaules, le bourreau se pend lui-même aux
pieds. Des gens malveillants seraient capables de
trouver que ça se ressemble, mais il y a cette
différence qu'autrefois la chose se passait en l'air
et aux yeux des assistants, tandis qu'à présent
elle se passe dans la trappe et il n'y a que le
pendu qui s'en aperçoive. Et il faudrait être de
bien mauvaise composition pour prétendre
qu'une chose qui est horrible en public ne cesse
pas d'être horrible parce qu'on la fait en secret.
La veille, pendant qu'on dressait l'échafaud sous
les murs de la prison où le condamné vivait ses
dernières heures, une affiche de théâtre annon-
çait pour le soir *Risette, le Mariage aux lanternes*
et *les Pantins de Violette*. Lebrun a pu voir cette

afiiche en allant à l'échafaud, et se dire qu'il
allait en être, lui, un « pantin ». Et, le soir
même de l'exécution, le même théâtre jouait
les Chevaliers du Pince-Nez. Et les spectateurs
de l'exécution ont pu finir leur journée gaiement.

Tout cela, c'est l'ordinaire des exécutions, mais
voici. Jusqu'au dernier moment, le condamné a
protesté de son innocence. Au pied de l'échafaud, quand le député-vicomte lui a demandé
s'il n'avait rien à dire, il lui a répondu : « Je
suis innocent ! » Au moment où il allait finir,
il a dit : « Jésus, sauvez mon âme ! » Donc,
voilà un homme qui va mourir, qui croit à l'immortalité et à Dieu, qui dit : Je suis innocent !
et qu'on tue. Un journal rappelle que le précé-
dent pendu de Jersey avait aussi protesté de son
innocence jusqu'au dernier moment. « Il y mettait une énergie sauvage; il labourait de ses
ongles les murs de sa cellule, et, en montant le
funèbre escalier, il criait de toute la force de ses
poumons : « Assassins ! assassins ! » Mais quand la
société a condamné quelqu'un, tant pis pour lui !
Elle répond comme le caporal qui, après une
bataille, enterrait les blessés avec les morts. —
« Mais en voici un qui crie ! — Bah ! si on les
écoutait, ils seraient tous vivants ! » Il y a des

gens que cela fait rire. Il y en a d'autres que cela fait frémir.

On n'est pas forcé de croire le patient. Mais, pour Philippe Lebrun, je cite encore le journal de tout à l'heure, « il n'y avait pas de preuves ». Il y en avait si peu que les jurés, tout en le condamnant, avaient signé une demande en grâce. Et j'admire ces gens qui demandent une chose qu'ils n'auraient qu'à s'accorder eux-mêmes. Eh! bonnes gens, si vous ne voulez pas qu'il meure, ne le tuez pas! Ce n'est pas tout. A l'instant où la trappe s'est ouverte sous les pieds de Lebrun, un des deux pasteurs qui l'assistaient, le révérend M. Beaumont, s'est élancé, tout éperdu, de la plate-forme en criant : « Vous venez de mettre à mort un innocent! » Et le surlendemain il a tenu une grande assemblée religieuse où il a parlé énergiquement contre la peine de mort. Ce n'est pas tout encore. Le jour même de l'exécution et devant l'échafaud, un colporteur vendait et criait une feuille intitulée : *Non! je n'ai pas assassiné ma sœur!* et la police le laissait la crier et la vendre. Et quelqu'un m'écrit de Guernesey qu'on croit connaître maintenant le vrai meurtrier.

Cela serait suffisant pour faire condamner la peine de mort. Tuer un coupable est monstrueux pour nous; tuer un innocent est monstrueux pour tout le monde. Du moment que la justice peut se tromper, comment ose-t-elle tuer? La première condition d'un jugement irréparable, c'est un juge infaillible.

XXXVII

LA RÉFORME PÉNITENTIAIRE

———

Il y a une chose qui a frappé tous ceux qui
sont allés quelquefois à la cour d'assises. On juge
un misérable quelconque. Le substitut l'accable,
l'injurie, le traîne dans toute la boue du vice et
dans tout le sang du crime, veut pour lui l'échafaud ou le bagne : l'accusé écoute, sombre, farouche, fauve, atroce, pire qu'avant. Son avocat
parle, fouille dans sa vie et y déterre le bien
qu'il y a dans les plus mauvais, atténue son
crime, dit ce qui l'a fait tomber, promet qu'il
remontera : alors, le misérable s'émeut et fond
en larmes. Qu'est-ce que cela prouve, sinon qu'il
est pénétrable aux bonnes paroles ; que, s'il l'est
à ce degré de dépravation et d'endurcissement,

il l'était bien autrement à l'âge tendre; qu'il ne serait pas ce qu'il est si la loi s'était inquiétée de lui autrement que pour le châtier; et que la société aurait moins souvent à requérir contre l'homme si elle avait mieux défendu l'enfant.

Quand on demande à la société ce qu'elle fait pour empêcher les enfants de tomber, on a la tristesse de constater qu'elle ne fait rien. Quand on lui demande ce qu'elle fait pour aider les hommes à se relever, on a l'humiliation de constater qu'elle fait tout pour les faire retomber plus bas.

Ce n'est pas nous qui parlons. Nous ne faisons que répéter ce que vient de dire à l'Assemblée le rapporteur du projet de loi cellulaire. Voilà des condamnés. Nous laissons de côté ceux qui ont tué et auxquels on n'a pas trouvé de circonstances atténuantes. Ceux-là, c'est très-simple, on leur coupe le cou. On les tue pour leur apprendre à vivre, et pour apprendre aux autres qu'il n'est pas permis de tuer. Mais tous les condamnés ne le sont pas à mort. Le plus grand nombre l'est à la prison. On peut être condamné à la prison pour des faits de nature diverse, pour fraude comme pour vol, pour vagabondage comme pour viol, pour simple contravention fiscale comme pour meurtre. Tous les condamnés sont donc là pêle-mêle. Il y a, d'ailleurs, des prisons, la Conciergerie, par exemple, où passent tous les prévenus, et où même ceux qui n'auront pas de circonstances atténuantes vivent fraternellement avec ceux qui vont être jugés pour un délit insignifiant. On se figure facilement le résultat de cette promiscuité. Nous nous souvenons d'avoir entendu, dans la cour de la Conciergerie, deux ex-forçats se disputer sur la prééminence de leurs bagnes respectifs. « Un beau bagne, s'écriait l'un d'eux, le bagne de monsieur! On y reçoit des visites! on y fait de petits ouvrages qu'on peut vendre aux curieux et aux curieuses. Ça, un bagne! allons donc! un pensionnat de demoiselles! Le seul bagne, c'est le mien! » Et il étalait, avec volupté, la dureté du règlement, le boulet au pied, la trique des gardes-chiourmes. Et il était fier, et l'auditoire l'admirait, et l'autre forçat rougissait de son bagne. Et chacun des auditeurs n'avait alors qu'une idée : se rendre digne du bagne le plus cruel.

Le rapporteur a prononcé ce mot : « La prison en commun, c'est le noviciat de la récidive. » Et il a cité ces phrases d'un livre compétent : « La prison en commun est comme l'école normale du crime. En résumé, le plus souvent, au lieu d'un coupable que la société lui avait livré, la prison restitue un criminel. »

Ainsi, — c'est la société elle-même qui le dit, — voici comment la loi corrige le coupable: elle prend un voleur, elle rend un assassin. Voici comment la société se comporte dans cette terrible question du bien et du mal, qui est la plus sérieuse de toutes les questions : avant la faute, elle n'emploie aucun moyen de préservation ; elle ne connaît pas l'enfant ; que les parents en fassent ce qu'ils voudront, un ignorant, un idiot, un monstre, cela les regarde ; l'enfant est la chose du père ; la société se croise les bras. L'enfant, ainsi livré, devient un homme avec qui la loi fait connaissance. Alors la société lui dit : — Tu as commis un délit ; eh bien ! je te condamne au crime !

Contre la chute, la société ne fait rien. Pour la rechute, elle fait tout. Et pour une rechute de plus en plus profonde. Cela peut-il continuer ? Non ! dit le rapporteur, et nous le disons avec lui. Mais que faire ? Le rapporteur répond : le mal est dans la prison en commun ; donc le remède est dans la prison cellulaire. Mais on intervient : — La prison cellulaire, c'est la folie ou le suicide. Et c'est vrai. Singulière façon d'améliorer un condamné que d'en faire une brute ou un cadavre.

Quel est le pire régime de la promiscuité ou
de la cellule? Tous deux ont des inconvénients
inacceptables. Et c'est pourquoi le grand côté de
la question est ailleurs. Refaire les prisons n'est
que la seconde nécessité; la première est de faire
des écoles. Commençons par le commencement.
La première de toutes les médecines est l'hygiène. Occupez-vous de la santé de l'enfant, vous
aurez moins à vous inquiéter de la guérison de
l'homme.

XXXVIII

DE LA LUMIÈRE

On vient de publier la statistique de l'état de la justice criminelle de France en 1873. Le rapport du garde des sceaux qui l'accompagne signale cette triste vérité, que les crimes et les délits, au lieu de diminuer, augmentent. Et cependant le même rapport déclare que, cours d'assises ou tribunaux correctionnels, « la répression a été plus ferme, » et qu' « il y a lieu de se féliciter de la réduction du nombre des acquittements ».

Les condamnations des uns n'intimident donc pas les autres. Intimident-elles au moins ceux qu'elles ont frappés, et les retiennent-elles au bord de la récidive? Le rapport du ministre de la justice nous apprend que « la progression depuis longtemps constatée dans les récidives s'accentue de plus en plus. » Il y a dix ans, elle était de 31 sur 100 pour les prévenus : elle a été, en 1873, de 36; elle était de 37 sur 100 pour les accusés : elle a monté à 48. Et ce n'est pas seulement en France que cet accroissement s'est manifesté. En Belgique, sur 100 accusés, on compte 45 récidivistes, et les six dixièmes des libérés de peines corporelles sont repris et jugés de nouveau dans les trois ans de leur libération. En Autriche, la récidive se chiffre par 59 sur 100, pour les hommes, et 51 sur 100, pour les femmes. Dans le Wurtemberg, près des deux tiers (65 sur 100) des condamnés retenus au 30 juin 1872 dans les divers établissements pénitentiaires avaient déjà comparu devant la justice.

Cette marche ascensionnelle de la récidive a naturellement inquiété les criminalistes de tous les pays, et M. Dufaure rappelle que l'Assemblée de Versailles elle-même s'en est émue et a essayé d'y remédier par sa loi du printemps dernier, qui rend le régime cellulaire obligatoire pour les inculpés, les prévenus et les accusés, ainsi que pour les condamnés à un an et un jour ou moins d'emprisonnement, et le laisse facultatif pour les condamnés à une peine plus longue. Mais le ministre de la justice n'ose pas répondre que cette loi produira l'effet qu'on en souhaite, et il se borne à dire que « la statistique en suivra avec soin l'application et montrera *peut-être* que les condamnés en ont recueilli les bienfaits. »

Il y a des criminalistes qui attendent de la nouvelle loi tout autre chose que des bienfaits. En attendant les résultats de l'emprisonnement isolé, on a ceux de l'emprisonnement en commun. Non-seulement il n'améliore pas le condamné, mais il l'empire. Ainsi, plus de coupables et des coupables pires, voilà ce qu'on obtient avec la fermeté de la répression. Nous croyons qu'il y a mieux à trouver. Cherchons.

D'où sort le crime ? De bien des choses. Le rapport du garde des sceaux dit la principale. Sur les 5,284 accusés que les cours d'assises ont eu à juger dans l'année qu'on nous expose, il y en avait 1,888, c'est-à-dire 36 pour 100, de complétement illettrés, et 2,258, c'est-à-dire 43 pour 100, ne sachant lire et écrire qu'imparfaitement : 36 et 43 font 79 pour 100 ; les quatre cinquièmes. 1,007 savaient lire et écrire. Quant à ceux qui étaient vraiment instruits, ils étaient au nombre de 131. Sur 5,284. Pas 2 pour 100. Pas un quarantième. Ces chiffres crient ce que nous avons dit bien des fois. La grande faiseuse de criminels, c'est l'ignorance.

Alors la conséquence éclate : de la lumière! Il faut répandre, multiplier, universaliser l'instruction. De la lumière! C'est la nuit que les bêtes de proie sortent de leurs tanières, que l'hyène, le tigre et le chacal rôdent, et malheur à qui passe! c'est aussi dans les ténèbres de l'esprit que rôdent les autres fauves, les instincts féroces, les appétits sanglants, les délits et les crimes. De la lumière, et encore de la lumière, et toujours de la lumière! La nuit fait sortir le mal de son antre; le jour l'y fera rentrer.

XXXIX

L'ENSEIGNEMENT

Un lycéen, qui venait d'échouer pour la troisième fois à l'examen du baccalauréat, est allé acheter un pistolet, est monté en fiacre et s'y est brûlé la cervelle. La presse cléricale aurait manqué à tous ses principes, si elle n'avait pas dit que c'était la faute à Voltaire. Ç'a été, pour elle, une agréable occasion de « flétrir » cette « éducation qui ne veut pas être chrétienne, » cette « éducation athée qui met le nom de Condorcet, l'impie, au frontispice d'une de nos grandes écoles, » cette « éducation où c'est l'État qui enseigne, et où, par conséquent, il n'y a pas d'éducateur qui ait droit de parler à l'enfant de la vertu et du devoir, du sacrifice et du courage, » etc., etc., etc.

Il y a quelques mois, un autre jeune homme se brûlait la cervelle, pas dans un fiacre, lui, dans les *water-closet* d'un restaurant de boulevard. Il avait été refusé aussi, pas au baccalauréat, il avait été « refusé » par une de ces filles de joie dont certains journaux célèbrent les gestes, suivent la voiture au bois, constatent la présence aux premières représentations, font luire les diamants, répètent les mots, donnent l'adresse. Il y a des journaux qui vivent de cela. Ces journaux d'eau salée, et qu'on ne doit lire qu'en prenant garde d'avaler les arêtes, sont, en même temps, des journaux pieux, qui vont à la messe et à vêpres; ils déjeunent de l'autel et soupent du — disons théâtre. La presse cléricale les avoue, les cite, les apprécie, ils font avec elle la campagne de l'ordre moral. C'étaient ces journaux qui avaient poussé ce jeune homme à la porte de cette fille. C'étaient ces journaux qui avaient été les professeurs de morale de ce jeune homme. C'étaient ces journaux qui lui avaient mis l'amour au cœur et le pistolet à la main. La presse cléricale accuse-t-elle de ce suicide-là « l'athéisme de l'Université » ?

Il y a quelques jours, en entrant le matin dans la chambre de l'ex-ministre de l'intérieur, on l'a trouvé mort. Il s'était tué à coups de couteau. Il avait été, lui, « refusé » au ministère ; il avait mal passé son examen de tribune, il n'avait pas su répondre, et il n'avait pas eu assez de boules blanches. Est-ce pour cela qu'il s'est frappé ? On ne sait pas au juste, mais il s'est frappé. Et qui était ce ministre ? Un « impie » comme Condorcet ? un radical ? un libre-penseur ? un de ces maudits qui se font « enfouir » civilement ? Non pas ! mais, au contraire, un ministre dont les préfets condamnaient ceux qui ne voulaient pas de prêtres à être enterrés la nuit, balayaient des corps humains pêle-mêle avec les immondices et vidangeaient la liberté de conscience ; un ministre du 24 mai ; un ministre clérical. Les cléricaux disent-ils que c'est « l'athéisme de l'Université » qui a tué M. Beulé ?

Oui, ils le disent. Oui, c'est l'Université qui a enfoncé deux fois le couteau au cœur du ministre de combat. Oui, c'est l'Université qui a déchargé le pistolet dans la tempe de l'amoureux de la fille de plaisir. Sans doute, l'amoureux lisait les bons journaux et le ministre faisait la bonne politique, mais d'où étaient-ils sortis tous deux, sinon des lycées, et quelle avait été leur éducation, sinon l'universitaire ? Ces commencements-là durent toujours, ils continuent sous tout ce qu'on fait et sous tout ce qu'on devient, ils ne vous lâchent jamais. Oui, c'est le lycée qui a tué l'amoureux; oui, c'est le lycée qui a tué le ministre. Un seul enseignement préserve du suicide : l'enseignement du séminaire.

Le séminaire? Attendez.

Il y a vingt-trois ans, en septembre 1851, on jouait, à Lyon, au théâtre des Célestins, *Adrienne Lecouvreur*. Le rideau venait de se lever pour le deuxième acte, quand un cri fit se retourner les spectateurs, qui virent, à la première galerie, une jeune femme s'arracher du sein gauche un couteau-poignard, et son mari se ruer sur l'assassin. On transporta cette pauvre femme dans la buvette du théâtre, où elle expira presque aussitôt, et on n'eut pas besoin de traîner l'assassin en prison, il fut le premier à vouloir y être conduit. C'était un élève des Frères de la doctrine chrétienne. On lui demanda ce qu'il avait contre celle qu'il avait assassinée. Il ne la connaissait même pas. La raison qu'il donna fut qu'il était dégoûté de la vie, et que ses sentiments religieux lui avaient fait chercher le moyen de mourir en état de grâce. Il l'avait trouvé dans le meurtre. La peine de mort se chargerait de le tuer, et elle le tuerait comme il souhaitait, en lui laissant le temps du procès et des délais légaux pour se repentir, se confesser, obtenir l'absolution, se préparer à aller tout droit en paradis. Sa seule hésitation avait été de savoir qui il tuerait. Il avait pensé d'abord à Louis Bonaparte, alors président de la République; puis il avait préféré une fille publique, et il était allé passer l'après-midi dans une maison de tolérance du quartier des Terreaux; puis il s'était décidé pour les Célestins. Là, sa première idée avait été pour une jeune fille, danseuse au Grand-Théâtre, mais elle était mal placée pour lui et ça n'aurait pas été très-commode ; il avait choisi une jeune femme plus à sa main. C'était la femme d'un professeur et la fille du proviseur du lycée de Limoges. Elle voyageait avec son mari pendant les vacances. Elle n'avait pas vingt ans, elle était jolie et charmante, elle s'amusait, elle riait au moment où le couteau lui était entré dans la poitrine. Elle était grosse de six mois.

Si nous ressemblions aux journaux cléricaux, nous pourrions retourner contre eux les conclusions qu'ils tirent du suicide d'un malheureux enfant, et demander compte à leur éducation, de l'usage qu'en a fait ce triple meurtrier qui tuait d'un coup la mère, l'enfant, et lui-même.

Nous ne sommes pas de ceux qui accusent une institution ou une idée du crime isolé d'un misérable ou d'un maniaque. Nous ne rendons pas l'Église responsable de tout ce que peuvent faire ceux qu'elle enseigne; mais alors, que ses journaux ne rendent pas l'Université responsable de tout ce que peuvent faire ceux qu'elle instruit. Qu'ils ne disent pas que c'est le lycée qui a commis le suicide du lycéen, s'ils ne veulent pas qu'on dise que c'est le séminaire qui a commis les trois meurtres du séminariste, et s'ils ne veulent pas qu'on leur demande quelle éducation donne les pires résultats, celle dont les élèves se tuent ou bien celle dont les élèves se tuent et tuent, et assaisonnent leur suicide de l'assassinat!

XL

DAME PAULA

Il y avait près d'un an que dame Paula avait commencé à souffrir des reins. On lui avait fait des frictions de tous genres, on avait employé les sinapismes et les émollients, rien n'avait réussi. On appela un des plus fameux médecins de la ville, laquelle est Saint-Omer, le docteur Wintrebert. Le docteur Wintrebert approuva tout ce qu'on avait fait et ordonna un badigeonnement de teinture d'iode : ce remède eut le même sort que les précédents, et la malade, badigeonnée, souffrit de plus en plus. Le docteur Wintrebert ne renonça pas, il mit des vésicatoires de chaque côté de l'épine dorsale, ce qui produisit un soulagement de quelques jours, mais le mal reprit une nouvelle force. Le docteur, tout déconcerté, dit : «Il y a là autre chose que des douleurs rhumatismales ; je crains une carie des os de la colonne vertébrale.» On revint aux vésicatoires ; il en résulta d'énormes clous. Si bien qu'un jour le docteur Wintrebert dit, en descendant l'escalier : « Hélas ! on est découragé, rien n'opère. » Le docteur Wintrebert a dit cela ? — Oui, le docteur Wintrebert. — En descendant l'escalier ? — En descendant l'escalier.

Tout ce dont la médecine des hommes est capable, on le tenta. La science humaine, si parfaitement personnifiée dans le docteur Wintrebert, s'épuisa en efforts héroïques. Ah ! dame Paula fut bien soignée ! Le docteur Wintrebert la ventre-barda d'une ceinture d'eau froide. Retour aux vésicatoires, demi-bains froids avec cinq cents grammes de cristaux, etc., etc., rien ne fut négligé. Hélas ! le mal ne faisait que croître ; tout appétit avait disparu, l'amaigrissement se faisait à vue d'œil, la douleur du ventre était intolérable, un resserrement à la poitrine empêchait toute digestion, il semblait que la poitrine et le dos étaient collés ensemble, une sueur froide perlait sur toute la figure, et l'on se disait : Encore quelques jours, et ce sera fini...

Quand, un matin, la moribonde, voyant l'impuissance de la médecine, dit à la supérieure : « Notre mère, si je demandais ma guérison à la sainte Vierge? »

La supérieure lui répondit : « Non-seulement vous le pouvez, mais vous le devez. » Aussitôt, dame Paula prit une feuille de papier et un crayon, et écrivit une petite lettre à la Vierge. La supérieure se chargea de la faire parvenir.

Aux personnes qui ignoreraient où sont les bureaux de poste pour le paradis, nous apprendrons qu'il y en a un, entre autres, à Saint-Omer : l'église Notre-Dame, connue sous le nom de Notre-Dame des Miracles. Et vous allez voir qu'elle n'a pas volé son nom. La supérieure de la Sainte-Union-des-Sacrés-Cœurs porta donc à ce bureau de poste céleste la lettre où dame Paula exprimait à la Vierge son vif désir d'être guérie, et la supérieure y joignit un mot de recommandation où elle disait à la Vierge qu'elle lui en serait personnellement reconnaissante. Pendant ce temps, la malade « souffrait étonnamment ».

Les lettres arrivent vite au paradis, et les réponses ne se font pas attendre. La supérieure était à peine revenue, que dame Paula : « Notre mère, je ne me sens plus de mal. — Tant mieux, ma chère sœur, j'en suis bien heureuse. — Je vous assure que je n'ai plus de mal, mais plus du tout! »

Et, pour le prouver, elle se lève, va, vient, en long, en large, dans la chambre, répétant joyeusement : Je n'ai plus de mal, je suis guérie! On lui dit de s'habiller (ce qui me fait craindre qu'elle n'ait fait toute cette pantomime en chemise)'; elle s'habille, sans aide, avec l'agilité d'une personne bien portante, et descend à la chapelle, où elle frappe la communauté d'une agréable stupéfaction. Elle reste à genoux environ une demi-heure, puis va au réfectoire, déjeune avec appétit, remonte deux escaliers sans difficulté, et panse un énorme clou qui lui restait. Comment! la sainte Vierge lui avait laissé un clou? Oh! un seul. Oui, mais énorme? Vous allez voir. Dame Paula eut un moment d'oubli. Elle appliqua sur son clou un emplâtre. Mais la supérieure : « Qu'est-ce que vous faites donc là? La sainte Vierge n'a pas besoin de ces remèdes. Otez-moi donc cet onguent! » Dame Paula obéit. Et instantanément la douleur cessa et le clou disparut.

Et ici, je suis saisi d'une réflexion mélancolique, et je ne puis m'empêcher de faire un doux reproche à la supéricure de la Sainte-Union-des-Sacrés-Cœurs. Dans la brochure qu'elle publie à la gloire de son miracle, elle parle d'une autre religieuse qui était malade en même temps que dame Paula, et qui est morte. Ainsi, la supérieure de la Sainte-Union-des-Sacrés-Cœurs avait deux malades; elle en a sauvé une, c'est bien; mais pourquoi n'a-t-elle pas sauvé l'autre? Quoi! il lui suffit de jeter une lettre à la poste du ciel, pour qu'à l'instant même les maladies mortelles ne soient plus qu'un souvenir et que les moribondes de tout à l'heure se mettent à se promener en chemise, — et elle n'a pas employé avec son autre dame ce remède aussi simple qu'infaillible et elle l'a abandonnée à la médecine non miraculeuse du docteur Wintrebert, et elle l'a laissée mourir quand un simple mot à la Vierge l'aurait ressuscitée! Ah! supérieure de la Sainte-Union-des-Sacrés-Cœurs, ce n'est pas gentil!

Pourquoi, sur deux malades, la supérieure n'en a-t-elle guéri qu'une? Et pourquoi est-ce dame Paula qu'elle a guérie, plutôt que l'autre? Ce sont là des mystères des maisons religieuses où les profanes comme nous n'ont pas à entrer. Quant à la guérison de dame Paula par le mot qu'elle a écrit à la Vierge, il n'y a pas à en douter. Le fait est attesté non-seulement par dame Gabrielle, supérieure de la Sainte-Union-des-

Sacrés-Cœurs, mais par M. Duriez, curé grand
doyen de Notre-Dame de Saint-Omer. Que dis-je,
par un curé? par le pape! car la brochure se ter-
mine par un bref de notre saint-père contresi-
gnant les miracles de Notre-Dame de Saint-Omer.
Nous vivons dans un siècle si déplorablement
gangrené d'idées révolutionnaires, que quelques
misérables, libres-penseurs, républicains, radi-
caux, etc., pourraient récuser, au sujet de miracles, le témoignage d'une supérieure, celui
d'un curé même grand doyen, et jusqu'à celui
du pape. Mais ces misérables ne récuseront pas
le témoignage d'un des plus excellents médecins
de la France, le docteur Wintrebert. La brochure contient un certificat du docteur Wintrebert, déclarant que dame Paula est parfaitement
guérie, et que ce n'est certes pas par lui! On
nous accordera qu'un médecin n'humilierait pas
ainsi publiquement sa médecine si l'évidence ne
l'y contraignait, et qu'on ne se décerne pas à
soi-même un tel bonnet d'âne sans le mériter.

Donc, voilà qui est acquis, la médecine humaine ne peut rien, et le seul médecin qui gué-
risse est la sainte Vierge. C'est pourquoi nous
sommes convaincus qu'on calomnie le clergé en
lui attribuant l'intention de créer, dans les universités qu'il fonde, des facultés de médecine. Il

est évident que le clergé, qui a des moyens si
commodes et si sûrs de guérir en un clin d'œil
les maladies les plus mortelles, ne va pas apprendre à ses étudiants les moyens compliqués
qui réussissent si peu au « très-sage et très-expé-
rimenté docteur » Wintrebert. Il est certain que
ce ne sont pas des cours d'hygiène, des cours de
clinique, des cours d'anatomie, etc., qui se feront dans les universités catholiques, mais des
cours de neuvaine, des cours de pèlerinage, des
cours des heures de départ des trains de poste
pour le paradis, des cours du prix des télé-
grammes célestes avec réponse payée, etc. Et il
va sans dire que les facultés qui enseigneront
cette manière de traiter les malades commence-
ront par écrire sur leur porte : — La science
n'entre pas ici.

Août 1875.

XLI

9,353 MIRACLES

———

Avez-vous une maladie quelconque, légère, grave, mortelle, incurable, n'importe? Les médecins vous ont-ils abandonné? Vous n'avez qu'à parler. Si désespéré que soit votre cas, voici un remède absolu, le même pour tous les maux, qui vous dispensera du médecin et de l'apothicaire, et qui ne vous ruinera pas. La guérison infaillible! qui en veut?

— Farceur!

— Prenez garde, vous allez manquer de respect...

— Au marchand d'orviétan?

— A quel marchand d'orviétan?

— Au marchand d'orviétan de *l'Amour méde-*

cin. N'est-ce pas son verbiage que vous me récitez? Seulement, vous altérez un peu le texte. Le voici dans toute sa pureté : « Vous pouvez avec lui braver en assurance tous les maux que sur nous l'ire du ciel répand : la gale, la rogne, la teigne, la fièvre, la peste, la goutte, descente, rougeole, ô grande puissance de l'orviétan! »

— Le guérisseur dont il s'agit n'est pas le marchand d'orviétan de *l'Amour médecin*. Écoutez. « Un enfant de deux ans n'avait pas encore marché. Cet enfant a été guéri de sa faiblesse de jambes d'une manière tout extraordinaire. Tout à coup il s'est mis à courir. »

— Ah! j'y suis. C'est vrai, ce n'est pas le marchand d'orviétan, c'est Sganarelle. Mais vous ne racontez pas la chose exactement. « Il n'y a que trois semaines encore qu'un enfant de douze ans tomba du haut du clocher en bas et se brisa, sur le pavé, la tête, les bras et les jambes. On n'y eut pas plus tôt amené notre homme, qu'il le frotta par tout le corps d'un certain onguent qu'il sait faire, et l'enfant aussitôt se leva sur ses pieds et courut jouer à la fossette. »

— Mon guérisseur n'est pas plus le médecin malgré lui que le marchand d'orviétan. Et si vous doutez de ses guérisons, lisez quelques-unes des lettres qu'il reçoit de partout : « Un petit enfant de deux ans était mourant à la suite d'une inflammation d'intestins ; dès le second jour, le mieux a été sensible ; aujourd'hui, l'enfant se porte bien.» — « Il y a un an à peu près, mon enfant était bien malade ; je craignais de le perdre ; un de vos bulletins me parvint à cette époque : mon enfant est guéri. » — « La malade était dans un état désespéré, ayant une tumeur au côté ; le docteur avait déclaré qu'elle n'avait plus que quelques heures à vivre et que certainement elle ne verrait pas la fin de la journée ; l'on n'attendait plus que son trépas... La fièvre quitta la malade, au grand étonnement de ceux qui l'avaient vue mourante ; maintenant, elle se lève, travaille... »

— J'y suis ! C'est M. Du Barry, de la Revalescière. Où avais-je la tête ? J'ai déjà lu toutes ces lettres-là à la quatrième page des journaux.

— Ce n'est pas plus M. Du Barry que Sganarelle. Puisque vous ne devinez pas, voici. Le guérisseur infaillible de toutes les maladies est M. Lehoult-Courval, chanoine honoraire, supérieur du petit séminaire de l'Immaculée-Conception de Séez (Orne).

Il ne guérit pas précisément lui-même, mais il fait guérir par « la Bienheureuse Vierge Marie, Mère de Dieu, et immaculée dans sa conception ». Il suffit de lui commander une neuvaine et de lui en envoyer le prix. Mais, comme je vous l'ai dit et comme vous allez le voir, ce n'est pas ruineux. J'ai sous les yeux le trente-sixième bulletin des grâces obtenues. Feuilletons-le.

Voici, entre autres, une petite fille « atteinte de quatre maladies très-graves : les fièvres muqueuse, intermittente, typhoïde et cérébrale », et débarrassée des quatre en un clin d'œil. — Une neuvaine demandée pour un jeune homme très-pieux réussit facilement, et « les médecins, tout surpris, disent que c'est un miracle qu'il ne soit pas mort ». — Une personne « horriblement mutilée par une machine à battre le grain ne pouvait être sauvée, au dire des hommes de l'art, mais la sainte Vierge a bien fait voir qu'on ne l'invoque pas en vain, car, aujourd'hui, cette personne est plus forte que jamais ». Une femme avait une fistule à l'œil : « pour la guérir, le docteur voulait faire une opération ; cette opération consistait à placer un tube en argent au bas de l'œil, lequel tube devait aboutir dans les fosses nasales ; sans cette opération, l'eau devait couler éternellement... Le septième jour de la neuvaine, il n'y avait plus rien du tout ; la guérison était complète. »—Un jeune garçon de dix-huit ans « avait le charbon à l'œil droit, un charbon terrible, et la moitié de son visage était gangrenée; une congestion cérébrale lui donnait en outre des convulsions telles qu'il fallait jusqu'à cinq personnes pour le tenir, et cela pendant six jours et six nuits, sans cesser une minute; tout le monde se trouvait découragé; le médecin disait que c'était un garçon perdu. » L'idée vint au père de « laisser là tous les traitements » et de faire un vœu à Notre-Dame de Séez. Le soir même, le malade « s'endormit doucement, la tête sur le sein de sa mère : il était guéri. »

Et savez-vous ce que ça coûte, un miracle ? Le père qui a sauvé son fils de cette effroyable gangrène en a eu pour vingt francs. Un autre père, pour sept. Ce sont là les généreux, ou les riches. M. E. de B. dont l'enfant, « gravement malade, a été complétement guéri », n'a envoyé que trois francs. La sœur A. de S. avait deux neveux qui, depuis deux ans, tombaient dans des attaques d'épilepsie; elle a demandé une neuvaine, et s'est dit : Si mes neveux guérissent, je ferai une petite offrande à Notre-Dame de Séez dans deux ans. Au bout de deux ans, ses deux neveux n'avaient plus eu une seule attaque. Leur tante, prudente, a attendu. Après six mois encore, elle a dû s'exécuter. Elle a donné cinq francs. Cinquante sous par neveu. Trouvez-moi beaucoup de médecins qui vous guérissent de l'épilepsie à ce prix-là !

M. Lehoult-Courval ne se borne pas à guérir les maladies. Il préserve des naufrages. Mme P. de P. lui écrit de remercier Notre-Dame de Séez « qui a préservé son mari d'un naufrage imminent ». Il gagne les procès. M. L..., d'Orléans : « Je vous adressai à la fin du mois dernier une lettre pour réclamer une messe et une neuvaine ; j'étais alors sous le coup d'un procès qui me causait les plus vives inquiétudes ; mais, grâce à vos bonnes prières, j'ai obtenu ce que je désirais ; je vous prie de vouloir bien recevoir mes remerciments. » D'un autre au même : « Dans le courant du mois dernier, j'eus l'honneur de vous adresser une petite offrande et de vous demander une neuvaine que nous fîmes en même temps, ma femme et moi, et un petit neveu que nous élevons. Il s'agissait d'obtenir la réussite d'un procès ; en le perdant, nous eussions été réduits à la misère. Ce procès est gagné, avec une facilité vraiment merveilleuse, qui a étonné tous ceux qui étaient présents et ceux qui connaissent l'affaire. Il est impossible de méconnaître l'intervention de la sainte Vierge. Le matin, je me rendis à l'audience avec une confiance et une certitude presque illimitées que je gagnerais ma cause. Je savais que, si mes adversaires avaient des avocats, moi j'avais une avocate plus puissante qu'eux tous réunis. » Notez ce détail : le gain du procès « étonnant ceux qui connaissent l'affaire ». Tels sont les procès que « l'avocate » du chanoine Lehoult-Courval n'hésite pas à faire gagner. Et un autre aspect intéressant de ces procès miraculeux, c'est la figure qu'y font les juges, eux qui connaissent l'affaire, et qui sont pourtant condamnés à prononcer un jugement qui les étonne eux-mêmes.

La guérison des maladies, la préservation des naufrages et le gain des procès ne suffisent pas au chanoine Lehoult-Courval. Dans son trente-sixième bulletin, il parle de « vœux » qu'il ne précise pas, et qu'on n'a pas besoin de lui préciser à lui-même pour qu'il les exauce, moyennant une légère offrande. On n'a même pas besoin de lui dire son nom. Un « anonyme du Var » lui écrit que, « à la suite d'un vœu qu'il a fait il y a quelque temps et qui a été pleinement exaucé », il se croit obligé de lui envoyer « la modeste somme de deux francs ». Modeste, en effet. L'anonyme du Var ne dit pas quel était son vœu. Son vœu est anonyme comme lui. Était-ce un quine à la loterie, le premier numéro sortant d'un tirage de la Ville, le gros lot de l'emprunt égyptien ? Anonyme du Var, je me plais à croire que ce n'est pas en remercîment du lot de six cent mille francs que vous envoyez quarante sous.

Vœux ou guérisons, le chanoine Lehoult-Courval en était, le 15 avril, à neuf mille trois cent cinquante-trois miracles.

Le chanoine Lehoult-Courval joint à cela, naturellement, un petit commerce de médailles de Notre-Dame de Séez. En or, selon la grandeur, depuis 21.50 jusqu'à 16 fr. 50. En argent, depuis 1 fr. 25 jusqu'à 0.20. En bronze, de trois sous à un sou. Il faudrait n'avoir pas un sou dans sa poche, etc. *S'adresser à M. l'économe du petit séminaire.*

Et vous nous dites : Mais M. Lehoult-Courval n'est que M. Lehoult-Courval. Son commerce de médailles, de sauvetages, de procès plaidés par la Vierge, de maladies mortelles guéries par des neuvaines, sont des choses qui lui sont personnelles et auxquelles le haut clergé ne s'associe pas. Le bulletin que nous avons sous les yeux contient ceci : « Nous, Charles-Frédéric Rousselet, par la miséricorde divine et la grâce du saint-siége apostolique, évêque de Séez, considérant que la Bienheureuse Vierge Marie, Mère de Dieu et immaculée dans sa conception, a favorisé par une abondance extraordinaire de grâces le Sanctuaire que nous avons bâti en l'honneur de son glorieux privilége... » Ainsi, l'évêque de Séez accepte, atteste et affirme les neuf mille trois cent cinquante-trois grâces énumérées dans les trente-six bulletins, les naufrages empêchés par un cierge qu'on allume, la Vierge se chargeant de procès dont le gain étonne ceux qui connaissent l'affaire, la gangrène guérie par un vœu. Et c'est l'évêque de Séez qui a organisé la chapellenie de l'église miraculeuse, qui a affecté un traitement aux chapelains et qui a nommé M. Lehoult-Courval leur supérieur. C'est donc bien le clergé lui-même qui entretient ces superstitions, qui propage ces crédulités, qui exploite ces ignorances. Nous remercions les prêtres de montrer ainsi, au moment où ils réclament l'enseignement de la France, ce qu'ils lui enseigneraient.

XLII

L'UNIVERSITÉ

———

Nous voulons la liberté pour nos adversaires comme pour nous, mais nous la voulons pour nous comme pour nos adversaires. La pensée moderne accepte le combat, mais le combat à armes égales. Le combat tel que l'entend le parti clérical ressemble trop à celui que propose ce personnage de comédie à qui l'on demande s'il préfère se battre à l'épée ou au pistolet, et qui répond : « Au pistolet et à l'épée ; vous prendrez l'épée et moi le pistolet. » Et c'est pis. Dans l'état momentané des choses, la libre pensée n'a même pas une épée contre un pistolet, elle est sans arme contre un adversaire armé formidablement, et elle est plus que désarmée, elle est garrottée.

Le cléricalisme a tout pour lui, et la libre pensée tout contre elle. Rien que comme argent, ce n'est pas assez que le cléricalisme ait ses quêtes, son denier de Saint-Pierre, la bourse ouverte de tous les croyants, depuis les croyants par croyance dont nous respectons la foi, jusqu'aux croyants par lâcheté qui se rachètent de l'enfer, et jusqu'aux croyants par spéculation qui placent leurs économies à la banque du paradis. Il a, en outre, l'énorme budget que nous lui payons et les admirables églises qu'il ne nous paye pas, que nous lui entretenons à nos frais, et où il nous remercie en nous insultant en chaire. Le budget de la libre pensée est la grêle d'amendes qu'elle essuie, et ses églises les prisons où on la fourre à sa moindre velléité de rendre au cléricalisme la millième partie des injures dont il la comble impunément.

Et le droit de réunion, et le droit d'association, dont on nous interdit l'usage et dont on permet l'abus à nos ennemis !

La lutte, soit. Nous l'acceptons. Nous la voulons. Mais nous voulons qu'elle soit loyale. Nous voulons que les conditions soient les mêmes pour les deux adversaires. Nous voulons que le cléricalisme n'ait pas l'État pour lui et que l'esprit moderne n'ait pas l'État contre lui. La liberté de l'enseignement, comme les cléricaux l'entendent, n'est pas la liberté, c'en est l'hypocrisie.

C'est la liberté que nous défendons, ce n'est pas l'Université. L'Université, telle qu'elle est, nous intéresse médiocrement. Nous n'éprouverions aucun chagrin à lui voir des concurrents. L'autre jour, à une distribution de prix, un sous-ministre a fait de l'Université un éloge que nous nous contenterons d'appeler lyrique : « N'a-t-elle pas toujours vécu de notre vie nationale, la suivant dans toutes ses évolutions, les comprenant et les expliquant avec l'intelligence de la société où elles s'accomplissaient? » Si c'est une question, la politesse voudrait répondre oui, mais la vérité est obligée de répondre non. Non, l'Université n'a pas compris toutes les évolutions de la vie nationale; non, elle ne les a pas suivies toutes, et il y en a, et des principales, qu'elle a si peu suivies qu'elle a, tout au contraire, essayé de les arrêter. Et le lyrisme continuait : « Comment ne l'aimerions-nous pas, notre Université, elle qui a inspiré et qui inspire encore les plus beaux livres?... » Et ici encore la vérité dit non. Non, ce n'est pas l'Université qui a inspiré et qui inspire les plus beaux livres contemporains, et c'est elle souvent qui les conteste. Il lui arrive de distribuer en prix des Cours de littérature où la littérature vivante est diminuée et calomniée. Nous nous souvenons d'un jour où un des fils de Victor Hugo rapporta de la distribution du lycée Charlemagne un prix qui n'était qu'une violente diatribe contre son père.

Comment, d'ailleurs, s'étonner de cette hostilité de l'Université au grand art du dix-neuvième siècle, lorsqu'elle a des maîtres comme M. Nisard, l'inventeur de la littérature difficile — à lire? Et le sous-secrétaire d'État qui parlait n'a-t-il pas cité parmi les géants de l'Université ce Cousin qui disait tout haut qu'on n'avait écrit en français qu'au dix-septième siècle, et pas dans tout le dix-septième siècle, dans une toute petite partie du dix-septième siècle, qui était quelque chose comme huit ans?

L'Université fera donc sagement de n'accepter qu'avec discrétion les louanges dont le sous-ministre l'a comblée. D'autant plus que le sous-ministre lui-même a mêlé à ces louanges une réserve utile et lui a conseillé de « se préparer, pour mieux lutter, à de salutaires et libérales réformes ». Nous permettons à l'Université de prendre une partie des éloges, pourvu qu'elle prenne le conseil tout entier. Des réformes libérales, voilà ce qu'il lui faut, et tout de suite. Elle aura affaire à des adversaires redoutables par l'argent, par le confessionnal, par l'héritage, par ce que Saint-Simon appelle « le terrible flambeau qu'on allume aux mourants », etc., etc. Les adversaires de l'Université ont avec eux la foi, le dogme, la paresse de penser, la commodité de croire, toutes les forces du passé : qu'elle ait avec elle le libre esprit, l'examen, l'initiative, l'audace, toutes les forces de l'avenir. Et alors, mais alors seulement, elle pourra être tranquille. Les autres disent : à reculons! Si vous voulez que l'humanité vous suive, dites : en avant!

Août 1875.

XLIII

LE SYLLABUS

Tout le monde parle du *Syllabus*, mais peu de
personnes l'ont lu. Regardons-en les articles
essentiels.

Le *Syllabus* est, comme on sait, « le Résumé
des principales erreurs de notre temps qui sont
signalées dans les allocutions consistoriales,
encycliques et autres lettres apostoliques de notre
saint-père le pape Pie IX ». Voici quelques-unes
de ces « erreurs », que, d'ailleurs, notre saint-
père ne s'amuse pas à réfuter, qu'il se contente
d'« anathématiser ».

Première anathématisée, la liberté de conscience. « Anathème à qui dira : chaque homme

« est libre d'embrasser et de professer la religion
« qu'il aura réputée vraie à l'aide des lumières
« de sa raison. — Anathème à qui dira : les
« hommes peuvent, dans quelque culte que ce
« soit, trouver la voie du salut éternel et y par-
« venir. — Anathème à qui dira : on peut louer
« certains pays catholiques où la loi a pourvu à
« ce que les étrangers qui s'y rendent y jouissent
« de l'exercice public de leurs cultes respectifs. »
D'un tour de clef, le *Syllabus* ferme les temples,
les synagogues, les mosquées, et ne laisse d'ouvert que les églises. Quant aux églises, il
ne se borne pas à en ouvrir la porte, il y
fait entrer de force : « Anathème à qui dira :
« l'Église n'a pas le droit d'employer la
« force. » Et le *compelle intrare* ne lui suffît
pas encore. Aux uns, il enjoint d'entrer ; aux
autres, il défend de sortir : « Anathème à qui
« dira : le pouvoir civil est autorisé à prêter son
« appui à ceux qui voudraient renoncer à l'état
« religieux et enfreindre leurs vœux solennels. »
Ainsi, on vous a pris enfant, adolescent, ignorant
de la vie et de la nature ; on vous a fait prononcer
des vœux éternels, entre autres le vœu de céli-
bat ; vous devenez d'enfant homme, la nature
vous réclame, la réalité vous ressaisit, vous voulez
rentrer dans l'humanité, le pouvoir civil vient à

votre aide : — On ne passe pas! dit le *Syl-labus*. Une fois entré chez lui, c'est pour toujours; ceux qu'il tient, il ne les lâche plus. Pas d'évasion possible. La prison pour l'éternité. L'enfer.

Si vous ne voulez pas recevoir en pleine poitrine les foudres du Vatican, dépêchez-vous de croire aux miracles. « Anathème...» (et n'admirez-vous pas cet « anathème » qui commence toutes les phrases de celui qui se dit le représentant d'un Dieu d'indulgence et de douceur?) « Anathème à qui dira : les prophéties, les « miracles exposés dans les saintes Écritures « sont des inventions poétiques. » Le *Syllabus* ne parle que des miracles antiques et solennels, mais nous espérons bien qu'il exigerait la même crédulité pour les miracles de la Salette et de Lourdes et pour les 9,353 guérisons, sauvetages, et gains de procès obtenus infailliblement de Notre-Dame de Séez moyennant de légères offrandes qui varient, selon la générosité ou la fortune des personnes, de vingt francs à quarante sous.

On ne doit pas avoir de parti pris, et il y a deux anathèmes du *Syllabus* auxquels nous applaudissons volontiers. Ce sont les deux qui suivent : « Anathème à qui dira : l'injustice d'un

« fait consommé avec succès ne porte aucune
« atteinte à la sainteté du droit. — Anathème à
« qui dira : la violation d'un serment, non-seu-
« lement ne doit pas être blâmée, mais elle est
« tout à fait licite...» Nous ne pouvons que nous
associer à cet anathème lancé par le *Syllabus*
aux prêtres qui, en décembre 1851, ont salué
d'un *Te Deum* la violation d'un serment et ont
attenté à la sainteté du droit en bénissant le
succès d'un crime.

Autres anathèmes, dont nous ne sommes plus.
Êtes-vous pour la séparation de l'Église et de
l'État? Oui? Vous êtes foudroyé : « Anathème à
« qui dira : l'Église doit être séparée de l'État,
« et l'État séparé de l'Église. » L'Église et l'État
vivant en commun, qui doit commander? Vous
êtes capable de croire que c'est l'État? Foudre :
« Anathème à qui dira : en cas de conflit entre
« les lois émanées des deux autorités, c'est le
« droit civil qui prévaut. » Donc, voilà qui est
nettement signifié, ce n'est même pas un État
dans l'État que le cléricalisme demande, c'est un
État sur l'État. C'est le clergé maître et la France
servante.

Mais voici le point intéressant, l'enseignement!
Il va sans dire que les anathèmes pleuvent sur
l'enseignement laïque. « Anathème à qui dira :

« des catholiques peuvent approuver un système
« d'éducation en dehors de la foi catholique et
« de l'autorité de l'Église, et qui n'ait pour but,
« ou du moins pour but principal, que la con-
« naissance des choses purement naturelles et
« les intérêts de la vie sociale sur cette terre. —
« Anathème à qui dira : toute la direction des
« écoles publiques dans lesquelles la jeunesse
« d'un État chrétien est élevée, si l'on excepte,
« dans une certaine mesure , les séminaires
« épiscopaux, peut et doit être remise entre les
« mains de l'autorité civile ; et cela de telle ma-
« nière qu'on ne reconnaisse à aucune autre
« autorité le droit de s'immiscer dans la disci-
« pline des écoles, dans la direction des études,
« dans la collation des grades, dans le choix ou
« l'approbation des maîtres. — Anathème à qui
« dira : dans une société bien constituée , il
« faut que les écoles populaires, ouvertes à tous
« les enfants de chaque classe du peuple, ainsi
« qu'en général les établissements publics des-
« tinés à l'enseignement des lettres, à une in-
« struction supérieure et à l'éducation de la jeu-
« nesse, soient affranchis de toute autorité de
« l'Église, de toute influence directrice et de toute
« intervention de sa part, qu'ils soient entière-
« ment soumis aux décisions de l'autorité civile,

« d'après le bon plaisir des gouvernants et sui-
« vant les opinions de l'époque, généralement
« reçues. — Anathème... » Mais c'en est assez,
n'est-ce pas? Quand le *Syllabus* a paru, on s'est
demandé ce que cela voulait dire, en ce temps-
ci, cette prétention du clergé d'être maître de
l'éducation, non pas seulement dans ses séminaires, mais dans les écoles et dans les universités de l'État, de contrôler les décisions de l'autorité civile, d'imposer sa direction, de s'immiscer
dans la discipline, dans les études, dans le choix
des maîtres, dans la collation des grades. Le
dix-neuvième siècle, stupéfait, n'a eu qu'un cri :
qu'est-ce que c'est que ça? Ce que c'est que ça?
c'est ce que l'Assemblée de Versailles vient de
voter. Oui, voilà où nous en sommes, en l'an
1875, quatrevingts ans après la Révolution, dans
la patrie de Rabelais et de Voltaire.

Le *Syllabus* s'est résumé lui-même dans son
dernier anathème : « Soient anathématisés ceux
« qui diront : le pontife romain peut et doit se
« réconcilier et se mettre d'accord avec le pro-
« grès, le libéralisme et la civilisation moderne. »
Donc, c'est le pape qui le dit lui-même, pas de
réconciliation possible. Qui est pour l'un est
contre l'autre. Ah! les Assemblées votent ce
qu'elles veulent, mais elles passent, et la France

reste. La France ne sera pas contre la civili-sation. La France, qui a été le porte-flambeau du monde, ne sera pas le porte-éteignoir du Vatican.

Juillet 1875.

XLIV

LES TUEURS DE RÉPUBLIQUE

———

Il est certain qu'il y a eu des Républiques assassinées ; mais il faut rappeler dans quelles circonstances ces assassinats ont été possibles.

D'abord, quant aux royalistes, s'ils tuaient jamais une République, ce serait la première fois que cela leur serait arrivé.

En 1814, le droit divin est « revenu ». Il n'est pas revenu tout seul. L'étranger était dans Paris. Les chevaux de l'Ukraine mordaient l'écorce des arbres des Tuileries et les Cosaques promenaient leurs longues lances dans les rues. Hélas ! le lendemain de la France dépendait d'un Russe. Une intrigue fit que ce Russe nous donna aux Bourbons, qui n'étaient même pas là, auxquels personne ne pensait. Ils existaient si peu par eux-mêmes que, les Cosaques à peine partis, le spectre de Napoléon, sorti de sa première tombe, l'île d'Elbe, suffit à les rejeter jusqu'à Gand, et qu'il fallut une seconde invasion pour les ramener.

Et c'est ainsi que le droit divin put succéder — à la République? non pas! — à l'empire. Tant que ç'avait été la République, l'étranger avait eu beau se coaliser, et les royalistes avaient eu beau faire consister leur patriotisme à s'enrôler parmi les envahisseurs de la France, l'agression avait été repoussée, et, la visite que les Prussiens et les Autrichiens nous avaient faite, nous n'avions pas tardé à la leur rendre. En 1814, il y avait quinze ans que la République avait été égorgée par l'empire. L'empire nous valut deux invasions, qu'il ne repoussa pas, lui, et c'est à l'empire que le droit divin dut de régner quelques années par la grâce de Dieu — et du czar.

Ce n'est pas davantage à la République que l'orléanisme a eu affaire en 1830. Et ce n'est pas plus lui qui a jeté bas le droit divin que ce n'est le droit divin qui a jeté bas l'empire.

La légitimité avait ce vice originel d'être rentrée en croupe derrière les Cosaques. Louis XVIII, habile, sceptique, en se faisant traiter de jacobin par les légitimistes purs, en étant aussi peu royaliste que possible, parvint à mourir roi. Mais l'infatuation de Charles X le prédestinait à une chute rapide. Son règne fut une provocation. La loi du sacrilége, le milliard d'indemnité pour les émigrés, le licenciement de la garde nationale, le rétablissement de la censure, le ministère Polignac, furent les insultes; les ordonnances furent le soufflet. Le duel était nécessaire. A la troisième passe, le droit divin tomba pour ne plus se relever. Quand il fut gisant sur le pavé, l'orléanisme s'approcha avec précaution et lui déroba sa couronne.

C'est si peu la République que l'orléanisme a vaincue en juillet qu'il ne s'est fait accepter qu'en se faisant passer pour elle. Louis-Philippe avait deux profils : il était prince du sang, mais il était aussi fils d'Égalité. Ce fut son profil révolutionnaire qu'il montra. Il répudia le drapeau blanc et les fleurs de lys. Il embrassa Lafayette sur le balcon de l'Hôtel de Ville; il promit « un trône entouré d'institutions *républicaines* ». Tellement, que l'abbé Grégoire s'y laissa prendre et que celui-là même qui, le 21 septembre 1792, avait proposé à la Convention l'abolition immédiate de la royauté, s'écria en 1830 : « Il est donc vrai, mon Dieu! nous aurions tout ensemble

un roi et la République! » C'est grâce à cette
tromperie que l'orléanisme ·a pu remplacer le
légitimisme, et que la royauté a enterré — la
royauté.

Le bonapartisme seul a réussi l'assassinat de la
République. Voyons comment.

En 1799, Bonaparte arrivait d'Égypte. Il avait
fait là ce qu'il devait faire plus tard en Russie :
il venait d'y abandonner l'armée qu'il y avait
conduite. Mais il apparaissait à travers les hâble-
ries de ses bulletins. Il avait la popularité qu'ont
aisément en France les épées victorieuses. Il
était l'homme de la bataille des Pyramides con-
templée par quarante siècles. Il avait au front le
soleil d'Orient. Il était aussi le général de la campagne d'Italie, et Castiglione, Arcole et Rivoli
semblaient être ses prénoms. Entre l'empire et
lui, il y avait deux assemblées ; mais les Anciens
étaient à la discrétion de Sieyès, qu'il avait
acheté avec une part du consulat, et le président
des Cinq-Cents était son frère Lucien. Restait
l'armée. Il eut facilement tous les généraux qu'il
voulut. Un seul, Lefebvre, qu'on n'avait pas pré-
venu comme les autres, hésitaît à trahir ; Bona-

parte lui donna son sabre des Pyramides :
« Oui, s'écria Lefebvre ému, jetons les avocats
à la rivière ! »

Et, ayant tout cela, les généraux, les grenadiers, les chefs des assemblées, les victoires, l'empire fut obligé de mentir, de se déguiser, de
faire comme les brigands qui prennent un
masque pour ne pas être reconnus. Et quel
masque prit-il? le masque de la République. Lui
aussi dut se faire passer pour elle. En débar-
quant d'Égypte, il se présenta devant le Direc-
toire, et jura, en mettant la main sur son épée,
que *jamais il ne la tirerait que pour la défense de la
République*. Avant de se risquer, il fit répandre le
bruit d'un projet d'attentat des Jacobins contre
la représentation nationale, et il obtint un vote
des Anciens qui mettait cette représentation sous
sa « protection ». Le jour du vote, il vint à la
barre, et dit aux Anciens : *La République allait
périr, votre vote vient de la sauver... Nous voulons
la République !* Le faubourg Saint-Antoine s'agi-
tant, une proclamation qu'il dicta au préfet de
police Fouché invita les citoyens à l'ordre et
leur assura qu' « on travaillait à *sauver la République* ».

Donc, même l'homme des Pyramides et d'Arcole eut besoin, pour tuer la République, de

faire accroire qu'il la sauvait, de lui prendre son nom, de fausser sa signature. Et, même le guet-apens accompli, même quand il fut maître, il ne se nomma pas ; il fut longtemps un empereur honteux ; il ne leva son masque que par degrés ; il montra d'abord le consul provisoire, puis le consul pour dix ans, puis le consul à vie, et ce ne fut qu'après cinq années de pseudo-République qu'il osa avouer que l'empire était l'empire.

La seconde fois que l'empire a frappé la République, je n'ai pas à la rappeler, puisque nous en saignons tous encore. Au moins l'oncle avait fait son coup en plein jour. C'était à la clarté du soleil qu'il était entré, de sa personne, au conseil des Cinq-Cents, et que, reçu comme il le méritait : « A bas le tyran ! votre gloire est changée en infamie ! sortez ! sortez ! » et emporté à temps par ses grenadiers, il avait lâché Murat sur la souveraineté du peuple. Le neveu, lui, a fait son coup la nuit. Il a attendu que la République fût endormie, et c'est alors qu'en retenant son souffle, et en regardant bien si personne ne le voyait, il s'est glissé à pas étouffés jusqu'à son lit, et l'a étranglée.

Pour qu'il ait pu commettre ce crime et en profiter, qu'a-t-il fallu ? Il a fallu qu'il fût président de la République depuis trois ans. Il a fallu que, depuis trois ans, il eût tout dans les mains, les grades de l'armée, l'avancement de la magistrature, les préfectures, les commissariats de police, la pluie de croix, tout. Il a fallu qu'il eût eu trois ans pour tâter les hommes, pour voir ceux qui étaient à vendre, pour faire son triage, pour éloigner quiconque avait une conscience. Il a fallu qu'il eût passé trois ans à mentir, à se dire calomnié quand on dénonçait le coup d'État possible, à cracher sur le plat qu'il allait manger, à jurer et à rejurer fidélité à la République, et à faire des serments de prince une vieille loque dont les revendeurs ne donneraient pas le prix d'une savate éculée et que le crochet des chiffonniers dédaigne de ramasser dans le ruisseau!

Résumons.

En ce qui touche les royalistes, — nous cherchons quand la royauté a jeté bas la République, et ce que nous trouvons, c'est que la République a jeté bas la royauté. La République a cassé, en 1792, le droit divin et, en 1848, l'orléanisme; mais il ne nous semble pas que le droit divin ni l'orléanisme aient jamais cassé la République.

Tout ce que nous pouvons leur accorder, c'est que, de 1848 à 1851, leur collaboration n'a pas été inutile à la restauration — de l'empire. Le droit divin a pu reparaître en 1814 et en 1815 et se substituer à l'empire, pas à la République. Et, pour faire cela, il lui a fallu le czar. Le propre du bonapartisme étant d'attirer l'invasion, et le second empire n'ayant pas plus failli que le premier à cette fatalité de sa nature, le droit divin a pu espérer un moment, en 1870, que le roi de Prusse serait son autre czar. Mais où Alexandre avait trouvé l'empire, Guillaume a trouvé la République; et la preuve que ce n'est pas la même chose, c'est qu'au lieu de venir s'installer dans Paris comme il y a soixante ans, l'invasion s'est bornée à une promenade dans les Champs-Élysées, et que le vainqueur ne s'est pas mêlé, cette fois, de nous choisir notre forme de gouvernement. La République n'a donc pas à se préoccuper beaucoup des légitimistes, réduits à eux-mêmes. — Les orléanistes ont pu, eux, en 1830, prendre sa couronne à la légitimité à terre; ils s'adresseront moins volontiers à la République, qui est debout. Quant à leur « trône entouré d'institutions républicaines, » le pays a appris, à ses dépens, que « la meilleure des Républiques » est la République.

15.

L'empire, en 1799, s'appelait Arcole, Campo-Formio, etc.; — aujourd'hui, son Arcole est Sedan; son traité de Campo-Formio est la paix de Bordeaux; il ne vient pas d'ajouter à la France le Milanais et la rive gauche du Rhin, il vient de lui ôter l'Alsace et la Lorraine. Le nom de Bonaparte, qui faisait lever les yeux à l'armée, lui fait baisser le front. — En 1851, il y avait trois ans que l'empire était maître de tout; en 1875, il y a cinq ans que l'empire n'est plus maître de rien, qu'il ne dispose plus des commandements ni des fonctions, qu'il ne peut plus faire un caporal, que toute sa puissance est d'entretenir, pas même très-richement, dit-on, deux ou trois feuilles sans lecteurs. Le voilà retombé dans la situation où il était du temps de Boulogne et de Strasbourg, avec cette différence qu'alors il avait pour lui l'inconnu et sa parole.

C'est-à-dire que le royalisme n'a jamais réussi contre la République, et qu'il n'y a pas de raison pour qu'il commence à son âge. C'est-à-dire que le bonapartisme, désarmé de ce qui a fait le Dix-huit brumaire et le Deux Décembre, n'a même plus ce qui a fait Boulogne et Strasbourg, et que l'empire a pu revenir de Sainte-Hélène, mais qu'il ne reviendra pas de Sedan.

C'est-à-dire que, si j'étais la monarchie, empire ou royauté, et si je passais devant un menuisier, ce que je me commanderais ne serait pas un trône, ce serait un cercueil.

XLV

LE JAUNE

———

Un homme est arrêté, à Clamart, au moment où, avec trois complices, il crochetait une porte C'est un bandit. On l'appelle le Jaune, à cause de ce qu'a fait de son visage le vomito-negro dont il a été atteint à Cayenne, quand il y était forçat. Il a passé les trois quarts de sa vie en prison. De temps en temps, on le lâche, il vole, et on le reprend. — Donc, il est repris encore une fois. On l'interroge, on le confronte, il est indifférent à toutes ces formalités par lesquelles il a si souvent passé. Il avoue, ayant été pris sur le fait et n'ayant pas intérêt à nier. Il sait ce qu'il aura. Récidiviste, cinq ans de bagne. Bah ! il y est allé déjà deux fois, au bagne ; ce sera la troisième ; on en revient. Un jour, au cours de l'instruction, deux agents viennent le prendre et le mènent devant un commissaire de police. C'est le 8 janvier ; il gèle à pierre fendre. Le Jaune grelotte. Le commissaire lui dit : « Vous avez froid, approchez-vous du feu. » Subitement, voilà un homme qui, étonné et remué de s'entendre parler avec douceur, se trouble, se met à pleurer, se repent, s'accuse, s'écrie : « Monsieur, je suis un misérable ! Il s'agit bien d'un vol : j'ai assassiné ! »

Il avait assassiné, en effet, et hideusement.

Il y a sept mois, le 2 octobre, vers cinq heures du soir, dans une maison de la rue de Vaugirard, la veuve Rougier, rentière, âgée de soixante-seize ans, fut trouvée morte sur le pavé de sa salle à manger. Sa tête était nue, ses cheveux en désordre, et elle avait autour du cou un mouchoir enroulé comme une corde, dont les bouts étaient tordus derrière la nuque, et qui avait tracé un sillon sanglant. Cette femme avait donc été assassinée. Par qui ? La police cherchait. Le Jaune a dit : par moi. Et il a dit tout le crime. Ils s'étaient mis cinq contre cette malheureuse femme. Deux, Sœuvres et Ciré, étaient restés dans la rue à faire le guet. Trois, lui, Georges et Thauvin, étaient montés. Il avait présenté à madame Rougier un billet qu'il disait souscrit par quelqu'un qu'elle devait connaître et sur qui elle pourrait le renseigner. Elle avait mis ses lunettes, avait examiné le billet, et le lui avait rendu en disant : « Je ne connais pas. » Alors, il avait dit : « Eh bien, Georges? » et Thauvin : « Eh bien, monsieur? » C'était le signal convenu. Aussitôt, Georges s'était jeté sur la pauvre vieille femme, lui avait passé son mouchoir autour du cou et l'avait jetée à terre; Thauvin s'était accroupi sur elle et l'avait serrée à la gorge; et il était allé, lui le Jaune, au secrétaire. N'ayant pu l'ouvrir, il y avait envoyé Georges, dont il avait pris la place, et il avait achevé l'étranglement. Dans cet exécrable moment, il avait vu à l'agonisante des boucles d'oreilles. Il les lui avait arrachées sanglantes et avec de la chair après.

Et le misérable qui avait pu commettre cet abominable meurtre n'a pu résister à un mot de bonté. Et, parce qu'on lui a dit : « Vous avez froid, approchez-vous du feu, » il a été pris de l'horreur de son crime. Et il a suffi d'une bonne parole pour qu'il ait eu un bon mouvement.

Ce n'était pas la première fois que le Jaune avait un bon mouvement. A Cayenne, dans un incendie, il avait sauvé la vie à plusieurs personnes en risquant la sienne. Il avait eu toute la plante des pieds brûlée. Une autre fois, dans un naufrage, il avait passé trois jours et trois nuits à plonger et à repêcher les noyés. Il était si bien noté à Cayenne, et il avait donné tant de preuves de dévouement et de courage, qu'on lui laissait une liberté relative; il servait chez les colons; il y fit la connaissance d'une jeune Indienne qu'il devait épouser et dont il nourrissait les vieux parents avec son travail.

Comment un homme capable de travailler pour les autres est-il devenu un voleur? Comment un homme capable d'exposer sa vie pour les autres est-il devenu un assassin?

Il l'a dit au président des assises :

— J'ai été élevé dans un milieu qui m'a perdu. J'ai eu sous les yeux de mauvais exemples, et j'ai fait ce que j'ai vu faire. Que voulez-vous que je vous dise? J'ai toujours été malheureux. Jamais, au grand jamais, personne ne m'a adressé un encouragement ni un bon conseil. Je suis arrivé où vous voyez. C'était fatal. J'ai commencé par voler et j'ai fini par tuer.

Son défenseur a raconté sa misérable enfance. Sa mère vivait de se prostituer et se prostituait devant lui. Son père buvait cela dans les cabarets borgnes, et ne lui permettait pas d'apprendre un autre métier que le vol. Sa mère étant morte,

son père se remaria, et lui vola les quelques
sous qui auraient pu l'aider à devenir honnête.
Voilà ce qu'a été pour lui la famille. Et la société,
quel secours lui a-t-elle prêté contre ce père-là
et cette mère-là? Elle a attendu, pour songer à
lui, qu'il fût déjà perverti plus qu'à moitié, et
alors, elle l'a jeté dans cette promiscuité de la
prison où les plus avancés achèvent l'éducation
des autres, et où il a perfectionné sa dépravation.

Et, n'ayant eu pour écoles que la prison et le
bagne, dépravé, corrompu, pourri, voilà que
tout à coup, sur un mot, il s'assainit et s'améliore. Voilà que tout à coup, sous cet amas d'immoralité, d'immondices, de délits, de crimes, on
retrouve une âme ! Voilà que tout à coup ce va-
gabond, ce voleur, cet étrangleur de femmes, ce
monstre, redevient un homme !

Quel argument pour l'enseignement obligatoire! Quel argument pour ne pas laisser à ces
pères et à ces mères infâmes le droit de séquestrer l'âme des enfants! Si, même au degré de
mort morale où il est tombé, le Jaune sent encore tressaillir en lui un reste d'humanité, que
n'aurait-on pas pu pour lui lorsque son âme
était toute neuve! Quel argument pour l'école —
et quel argument contre l'échafaud! Car, s'il est

vrai qu'en prenant cet enfant à ce père et à cette
mère, la société l'eût peut-être sauvé, n'a-t-elle
pas sa part de responsabilité dans ce qu'ils ont
fait de lui, et par conséquent dans ce qu'il a fait;
et de quel droit alors serait elle implacable ?

Et ce qui ressort avant tout de cette émotion
d'un meurtrier à un mot de pitié, c'est qu'on
obtient plus des hommes avec une seule bonne
parole qu'avec beaucoup de mauvais traitements.
C'est qu'il est temps qu'au lieu d'être une enne-
mie qui ne sait que frapper, la loi soit mère à
ceux qui n'ont pas de mère ou qui gagneraient
à ne pas en avoir, prenne soin des déshérités,
les instruise, leur apprenne à travailler, leur
fournisse les instruments de travail, leur fasse
une place au foyer commun, leur donne leur
part de lumière et de chaleur. C'est qu'il est
temps que le mot de ce commissaire de police
à ce misérable, la société le dise à tous les
malheureux : « Vous avez froid, approchez-vous
du feu ! »

Mai 1875.

XLVI

L'AFFAIRE ROQUES

Donc, le 30 avril 1875, le jury de la Seine condamnait à mort trois assassins, Maillot, dit le Jaune, Georges et Thauvin : une vieille femme de soixante-seize ans, la veuve Rougier, avait été assassinée dans une maison de la rue de Vaugirard. Et, le 5 juin 1875, une vieille de soixante-six ans, la veuve Roques, est assassinée dans une maison de la rue Saint-Jacques.

Quoi! un mois après la triple condamnation, quand le triple échafaud est dressé, quand les trois cous sont sous le couperet, dans la même ville, dans le même quartier, presque dans la même rue, le même meurtre! C'est là l'efficacité de la loi de sang! Comment la société pourrait-elle dire encore que c'est pour empêcher de tuer qu'elle tue? Comment espérerait-elle encore faire croire que le bon moyen d'enseigner l'inviolabilité de la vie humaine, c'est de la violer?

Est-ce cette réflexion qui a produit le verdict du jury?

On trouve une morte. L'examen du corps prouve qu'elle a été assassinée. On soupçonne un de ses fils. On l'arrête. On le juge. Est-ce vraiment lui, l'assassin? Le jury répond : c'est lui. Tous les meurtres sont abominables, mais il y en a un plus abominable que les autres, le parricide. Un fils qui tue sa mère, cela fait frémir. Pensez à la vôtre. Le jury de la Seine, croyant que c'était Auguste Roques qui était l'assassin, a dû être sans pitié? Il a dû regretter que la loi ne coupât plus le poing aux parricides? Mais elle leur coupe toujours le cou! Il a dû juger que c'était peu de la guillotine? — Le jury de la Seine a trouvé que c'était trop. Il n'a condamné Auguste Roques qu'aux travaux forcés. Il lui a accordé des circonstances atténuantes.

Des circonstances atténuantes à un parricide!

Les uns s'indignent, les autres s'étonnent. Ceux-ci cherchent une explication. Et la plupart supposent que les jurés n'ont pas trouvé les preuves suffisantes. En effet, on conçoit un homme, même un fils, qui, ayant faim et ayant une maîtresse, entre chez sa mère absente et force un secrétaire. A ce moment, sa mère rentre. Querelle et lutte. Le voleur, menacé, ne connaît plus personne, et frappe, oui, sa mère. Mais l'accusation ne racontait pas les choses de cette façon. Auguste Roques aurait volé tout à son aise, n'aurait pas été surpris, serait sorti, aurait envoyé l'argent à sa maîtresse, et ce serait deux heures après qu'il serait revenu tuer sa mère. Il faut avouer que les jurés avaient le droit de douter et qu'il n'y avait pas là de quoi condamner un homme à mort.

Mais alors il n'y avait pas de quoi non plus le condamner aux travaux forcés à perpétuité. Si la culpabilité de Roques n'était pas prouvée, les jurés ne devaient pas l'affirmer et répondre : oui, à la question des juges. Si la culpabilité de Roques n'était pas prouvée, ils ne devaient pas lui infliger les travaux forcés à perpétuité ni à temps, ils devaient le mettre en liberté. S'imagine-t-on la justice disant à un accusé : — Comme vous êtes peut-être innocent, vous mourrez au bagne!

Cette explication ne peut donc pas être la vraie. Et il a fallu en revenir à celle-ci, que les jurés qui n'ont pas voulu que Roques fût guillotiné se sont associés aux protestations que soulève de plus en plus la peine de mort.

Les jurés ne doivent compte de leur verdict qu'à leur conscience, et nous n'avons pas à les questionner. Nous ne connaissons que le fait, et il nous suffit. Le fait est ceci : Roques a été déclaré parricide et il n'a pas été condamné à mort.

Qui donc condamnera-t-on à mort, maintenant? Quel assassinat sera jamais aussi exécrable que celui d'une mère par son fils? La mère serait un monstre, que ce serait encore atroce. Agrippine était un monstre, et son sang versé est une des plus noires taches de l'histoire. Néron a commis bien d'autres meurtres, il a jeté des jeunes filles aux griffes et aux dents des tigres, il a allumé des chrétiens comme des torches, il a incendié un quartier de Rome, et, quand on parle de lui, on commence par dire : C'est celui qui a tué sa mère! Si on ne tue pas ceux qui tuent leur mère, on n'a plus le droit de tuer personne. Les circonstances atténuantes du parricide Roques abolissent la peine de mort.

Août 1875.

XLVII

UNE TRAGÉDIE D'ESCHYLE

———

Agamemnon revient de la guerre de Troie.
Clytemnestre sort du palais pour le recevoir, et
l'accueille avec de telles démonstrations d'amour
et de respect, qu'il lui rappelle qu'il n'est qu'un
homme et qu'elle ne doit pas l'honorer comme
un dieu. Elle ne veut pas qu'il marche sur la
terre ; des tapis de pourpre sont étendus du char
au palais. Il a beau refuser, elle insiste et elle
le contraint doucement à marcher sur la pourpre triomphale.

Une captive qu'Agamemnon a eue dans sa part
de butin, une fille de Priam, Cassandre, est restée, muette et sombre, à la porte du palais. Tout
à coup, elle se met à frissonner et à gémir. Elle

regarde avec épouvante et avec horreur ce palais qui, pour les autres, est en fête. Elle y flaire le crime. Elle y voit reparaître de vieilles taches de sang. Qu'est-ce que cet abominable repas où l'on fait manger au père ses enfants? Elle demande quelle est cette caverne. On lui répond que c'est le palais des Atrides. Ah! oui, le palais où Atrée s'est vengé de Thyeste par ce repas terrible. Et ce palais infâme n'a pas bu assez de sang, il en a encore soif, dans ce moment on lui en verse! « Furies insatiables du sang de cette race, poussez le cri du triomphe, l'exécrable sacrifice va se consommer! »

Et elle-même, Cassandre, l'hospitalité que ce palais va lui donner, c'est la mort. Elle le sait, et, le sachant, elle ne fuit pas, elle n'attend pas le coup, elle va au-devant. « O femme qui sais tant de choses, lui dit le chœur, si tu sais aussi ta propre destinée, pourquoi, comme le bœuf voué aux dieux, courir si audacieusement à l'autel? » Elle répond : « Voici mon jour. Je ne gagnerais rien à fuir. » Jamais la fatalité n'a eu d'expression plus poignante et plus désespérée que cette scène prodigieuse où Cassandre s'avance irrésistiblement vers le couteau qu'elle voit prêt à la frapper. Mais, avant d'entrer, elle annonce qu'elle sera vengée.

Bientôt après, Clytemnestre paraît, sanglante.

Elle commence par se vanter de ce qu'elle a fait.
Elle raconte le piége, les trois coups qu'elle a
frappés, le sang qui a jailli sur sa robe. Elle
expose les deux cadavres : « Celui-ci est Agamemnon, mon mari. Il est mort, et c'est ma
main qui l'a justement frappé. C'est un travail
bien fait. » Mais, devant la malédiction du chœur,
elle s'excuse : Agamemnon n'avait-il pas, lui,
« sacrifié Iphigénie sans plus de souci d'elle que
d'une des brebis qui abondent dans les pâtu-
rages ? » Elle a vengé sa fille ! Puis elle rejette son
meurtre sur le talion. Ce n'est pas elle qui a tué
Agamemnon, « c'est l'antique et inexorable ven-
geur d'Atrée et de son repas horrible. C'est lui
qui a vengé sur cet homme les enfants égorgés.»
Et, en effet, Clytemnestre a été aidée par son
amant, Égysthe, le seul fils de Thyeste qui ait
échappé au monstrueux festin. Le fils de Thyeste
devait tuer le fils d'Atrée. Ils n'ont fait, elle et
lui, qu'obéir à la loi qui défend de laisser les
crimes impunis, lui se souvenant de ses frères
et elle de sa fille.

Hélas ! s'écrie le chœur, « outrage pour outrage ! comment sortir de cet enchaînement de
crimes ? » Et Clytemnestre : « Que le démon du
meurtre aille épouvanter d'autres races par ces
égorgements mutuels ! Il me suffit de la plus

petite part de nos richesses, pourvu que je détourne de nos demeures la fureur des égorgements mutuels ! »

———

Mais le talion n'est pas rassasié. Oreste a grandi loin de sa mère. C'est en vain qu'il ne voudrait pas venger son père : il est condamné au parricide. S'il refuse, Apollon le menace, et son peuple avec lui, de « tous les fléaux qui font la joie des ennemis » ; il aura, lui, la lèpre, l'exil, les visions de la nuit, et l'étincellement des prunelles de son père dans les ténèbres. Il obéit au dieu, vient à Argos, se fait reconnaître d'Électre et de quelques amis. Mais tuer sa mère ! Le chœur l'y encourage : « O grandes Parques ! fasse Jupiter que la loi d'équité triomphe ! Que l'outrage soit puni par l'outrage. Que le meurtre venge le meurtre. Mal pour mal, dit la sentence des vieux temps. »

Cependant, au moment de frapper, il hésite : « Pylade, que ferai-je ? Je trouve effrayant de tuer ma mère. » Mais Pylade lui rappelle les menaces d'Apollon. Alors sa mère a beau lui dire : « Crains les Chiennes furieuses d'une mère. — Et celles d'un père, comment leur échappe-

rai-je si je laisse son meurtre impuni ? — C'est
le destin, ô mon enfant, qui a tué ton père. —
C'est le destin qui va te tuer. »

Et il frappe, — et alors c'est donc à son tour
de périr. Quand cela cessera-t-il ? Et le deuxième
drame de la grande trilogie finit par ce cri
douloureux des Choëphores : « **Où donc, enfin
assouvi, où s'arrêtera le courroux de la fatalité?** »

Le chœur a beau acclamer Oreste, Oreste ne
se glorifie pas, lui, de son action, il n'éprouve
qu'un besoin, c'est de s'en laver. Il se hâte de
retourner vers le dieu qui est le vrai auteur du
meurtre. Apollon lui indique les moyens de se
purifier et lui promet sa protection. Le spectre
de Clytemnestre a invoqué la loi du talion et
lancé les Euménides à sa poursuite. Apollon le
fait évader. Les Euménides courent après lui, et
rattrapent à Athènes le parricide et le dieu.
Mais, à Athènes, Minerve est maîtresse. Les
Euménides lui demandent justice. Minerve
institue l'Aréopage, le préside, et le procès commence.

C'est le grand procès qui dure encore, le

procès du talion, de la peine de mort, du code sanglant. Les Euménides emploient les arguments qui servent pour l'échafaud : « Des lois nouvelles vont bouleverser le monde si on laisse vivre cet homme. Tous les mortels vont imiter son forfait, l'impunité leur est assurée. Le courroux vigilant des Furies ne poursuivant plus le meurtrier, un libre cours sera laissé à tous les crimes ! »

Oreste se borne à dire qu'il s'est purifié et qu'il a expié. Apollon plaide. On va aux voix, et, grâce à la voix de Minerve, Oreste est absous. Les Euménides écument : « Ah ! nouveaux dieux, voilà comme vous traitez les vieilles divinités ! » Mais Minerve les apaise en leur promettant un temple sous terre, et la foule les conduit respectueusement à cet honorable tombeau. La loi du talion est morte.

———

Tel est ce drame, qui est le plus grand drame du théâtre grec. Eschyle y cite à sa barre la vieille pénalité et la loi nouvelle, la férocité et la miséricorde, la damnation et la réhabilitation, et c'est à la loi nouvelle, à la réhabilitation et à la miséricorde qu'il donne raison. Il renfonce sous terre les vieilles buveuses de sang.

C'est pourquoi je salue au passage ce poëte du passé — et de l'avenir, ce philosophe profond qui a précédé de si loin l'humanité, ce grand penseur clément qui, il y a deux mille quatre cents ans déjà, devant le plus atroce des meurtres, le meurtre d'une mère par son fils, abolissait la peine de mort.

XLVIII

LE 21 SEPTEMBRE

Il y a aujourd'hui quatrevingts ans, la plus grande assemblée que le monde ait vue était réunie pour la première fois. Trois représentants, Manuel, Collot-d'Herbois et l'abbé Grégoire, proposèrent de voter immédiatement l'abolition de la royauté. Bazire demandant s'il ne vaudrait pas mieux ne la voter qu'après discussion, Grégoire répondit :

— Eh ! qu'est-il besoin de discuter quand tout le monde est d'accord ? Les rois sont dans l'ordre moral ce que les monstres. sont dans l'ordre physique. L'histoire des rois est le martyrologe des nations. Nous sommes tous également pénétrés de cette vérité.

— Oui ! s'écria-t-on de toutes parts, la discussion est inutile.

Il se fit un profond silence. Le président lut la proposition. Une acclamation la vota. Le président se leva, et dit :

— La Convention nationale décrète que la royauté est abolie en France.

Aussitôt, ce fut une explosion d'applaudissements sur tous les bancs et dans toutes les tribunes, et un immense cri de : *Vive la nation !* salua ce décret qui faisait de trente millions de sujets trente millions d'hommes.

Puis, la Convention vota l'ouverture d'une ère nouvelle. Les actes publics, au lieu d'être datés de l'an IV de la liberté, furent datés de l'an Ier de la République.

Le lendemain, on apprit la victoire de Valmy.

———

Quelques semaines auparavant, l'ennemi envahissait la France. L'ennemi, c'était soixante mille Prussiens, trente-six mille Autrichiens, dix mille Hessois, et douze mille Français émigrés qui constataient ainsi le patriotisme des royalistes. Le roi de Prusse était venu en personne, ne voulant pas laisser à un autre l'honneur d'une campagne qui ne pouvait être que triomphante.

Mais le vrai général était ce duc de Brunswick qui, tout jeune, avait fait dire au grand Frédéric que « la nature le destinait à devenir un héros », et dont Mirabeau, qui l'avait vu dans son duché en 1786, avait écrit qu' « il était universellement désigné comme le premier dans la carrière militaire ».

Contre cette armée, bien commandée, bien disciplinée, bien organisée, la France n'avait guère que des tronçons de corps épars sur toute sa frontière et incapables de former nulle part une masse suffisante, des bataillons pour la plupart recrutés à la hâte, désertés par leurs officiers, conduits par des chefs improvisés. Il fallait voir le mépris des hobereaux de Prusse et de France pour cette bande de va-nu-pieds et de sans-culottes, pour ces *savetiers* et ces *tailleurs*, comme ils les appelaient, et pour ces officiers qui n'étaient pas nobles. Cette tourbe ne tiendrait pas contre une charge de gentilshommes, elle se dissiperait avec la fumée du premier coup de canon, et on n'aurait même pas le plaisir de combattre.

Le 20 septembre, à midi, le brouillard qui enveloppait Valmy s'éclaircit, et la jeune troupe de Kellermann, qui occupait la hauteur, vit les Prussiens monter vers elle, sur trois colonnes, avec l'assurance aguerrie des vieilles troupes. Comment ces nouveaux venus, hier encore ouvriers, paysans et bourgeois, à peine soldats, allaient-ils supporter l'assaut de ces vétérans ? Kellermann cria : *Vive la nation !* et à ce cri les nouveaux venus n'attendirent pas les Prussiens, ils se ruèrent au-devant d'eux, la bayonnette en avant, la patrie au cœur, et les vieux soldats reculèrent devant les jeunes. Les Prussiens, rentrés précipitamment dans leurs retranchements, eurent honte, et, à quatre heures, ils essayèrent une nouvelle attaque, qui fut culbutée comme la première.

Cela fit réfléchir les Prussiens, qui voulurent négocier. Mais la Convention répondit qu'elle ne traitait pas avec l'ennemi tant qu'il était en France. Ils se résignèrent à une retraite qui aurait pu ne pas leur être commode avec un autre que Dumouriez ; et ainsi l'ennemi, que les royalistes avaient appelé et introduit en France, en fut expulsé par la République. Le mois suivant, c'était au tour de la France d'être chez les autres. Custine avait pris Worms et Mayence ; Montesquiou s'était saisi de la Savoie et du comté de Nice, et Jemmapes avait livré la Belgique à Dumouriez.

On vit alors le grand cœur de la France. Tranquille sur elle-même, maîtresse de se gouverner comme elle l'entendrait, n'ayant plus rien à craindre de personne, cette généreuse France, à qui son bonheur ne suffit pas et qui veut celui des autres, prononça, le 19 novembre, le décret suivant :

« La Convention nationale déclare qu'elle accordera secours et fraternité à tous les peuples qui voudront recouvrer leur liberté, et elle charge le pouvoir exécutif de donner des ordres aux généraux des armées françaises pour secourir les citoyens qui auraient été ou qui seraient vexés pour la cause de la liberté. »

Il n'y avait pas deux mois que la République existait, et déjà la France pouvait prononcer ces fières paroles. En deux mois, de cette France dont les royalistes allaient faire la servante des monarchies, la République avait fait la protectrice des peuples.

Cette invasion que la République avait repoussée, elle est revenue, et trois fois. Et ces trois fois-là, hélas ! elle a été victorieuse.

Pourquoi ?

Parce qu'en 1814, en 1815 et en 1870, au lieu d'être, comme en 1792, en l'an IV de la liberté, on était en l'an XV et en l'an XX de l'empire.

Pourquoi la France n'a pas vaincu en 1814 et en 1815 ? Parce qu'alors la France se battait pour un homme. En 1792, elle se battait pour elle. Le département de Seine-et-Oise, qui envoyait un bataillon à la frontière le jour même de l'abolition de la royauté, faisait dire à la Convention que ce bataillon, « ayant appris en chemin qu'il ne combattrait plus pour des rois, partait glorieux d'aller sauver la République » ; et la Convention répondait : « Non, vos bataillons ne combattront plus pour des rois ; ils vont combattre pour la liberté et l'égalité, c'est dire assez qu'ils reviendront vainqueurs. » En 1814 et en 1815, la France n'a pas vaincu, parce qu'elle ne combattait pas pour la liberté et l'égalité ; parce qu'elle combattait pour obéir à un empereur plutôt qu'à un autre, à un Corse plutôt qu'à un Russe ; parce qu'elle redoutait la victoire presque autant que la défaite ; parce qu'elle était lasse, après vingt ans, d'être traînée à la guerre comme à l'abattoir ; parce qu'elle en avait assez de son boucher d'hommes.

Pourquoi la France n'a pas vaincu en 1870 ? Parce qu'en 1870 il n'y avait pas de France. Il y en avait une en 1792 ; la liberté, ressuscitée en 1789, avait eu quatre ans pour exalter l'âme du pays, pour hausser les fronts, pour faire des hommes; la prise de la Bastille avait appris au peuple ce qu'il pouvait, et la Déclaration des droits de l'homme lui avait appris ce qu'il était; les grandes choses réalisaient les grandes idées; on vivait dans une atmosphère de courage, de fierté et de magnanimité; il était tout simple que la nation qui respirait cela se soulevât contre l'étranger, et son sol avec elle! En 1792, il y avait quatre ans que la liberté faisait la France; en 1870, il y avait vingt ans que le coup d'État la défaisait. Il y avait vingt ans qu'un homme la corrompait, lui donnait le spectacle de la magistrature et du clergé baisant les pieds sanglants du parjure, du guet-apens et de l'assassinat, abrutissait les intelligences, annulait les initiatives, écrasait les caractères, réduisait la nation à tenir sous le talon de sa botte. C'est pourquoi, le jour où il a fallu une nation, on n'en a plus trouvé. C'est pourquoi la République elle-même n'a pas, ce jour-là, chassé l'étranger. Mais, même dans ces conditions abominables, même ayant tout à refaire, et tout de suite, même vendue et livrée comme elle l'a été, elle a fait ce qu'elle seule pouvait faire; elle a maintenu intact, sinon le territoire, au moins l'honneur; elle a inspiré un tel respect à ses ennemis même que l'étranger, qui en 1814 et en 1815 était venu s'installer dans Paris, n'a fait cette fois que poser son pied sur le seuil et n'est pas entré; elle a donné au monde une telle opinion de sa solidité que, le jour où elle a eu besoin de cinq milliards pour délivrer ce que l'empire nous a laissé de la France, on lui en a offert cinquante !

Que cette comparaison nous profite. Rappelons-nous toujours par qui les invasions sont repoussées. Des quatre invasions qui nous ont assaillis depuis quatrevingts ans, une seule a été refoulée. Par qui? par la République. Et rappelons-nous aussi à qui les invasions sont dues. En 1814, en 1815 et en 1870, c'était l'empire qui attirait l'étranger : en 1792, en 1814 et 1815, c'était la royauté que l'étranger nous rapportait. Toujours la monarchie. N'oublions jamais le rude enseignement de ces événements terribles, et qu'il n'y ait plus besoin d'être républicain, qu'il suffise d'être patriote pour préférer la République à la monarchie, de quelque nom que la monarchie s'appelle, qu'elle soit empire ou royauté, qu'elle soit la monarchie qui ramène l'étranger ou la monarchie que l'étranger ramène !

XLIX

LE NOUVEL OPÉRA

———

« Qu'ils chantent, ils payeront ! » disait Mazarin. Ce mot d'ordre est le mot de tous les gouvernants. Ils aiment mieux les peuples qui chantent que les peuples qui parlent. Chantez ! et alors ceux qui se plaindront des abus et qui demanderont des améliorations, ce sera comme s'ils chantaient. Et une chose plaît aux gouvernants au moins autant que le chant : c'est la danse. Vous chantiez, j'en suis fort aise ; eh bien, dansez maintenant !

C'est en vertu de ce principe gouvernemental que l'empire a fait tout ce qu'il a pu pour encourager les théâtres à chanter et à danser, et pour les empêcher de parler et de penser. C'est alors

qu'on a vu les théâtres tomber de la littérature
à la musique et dégringoler de l'opéra à l'opérette. Le coup d'État n'a pas seulement poussé
à l'opérette, il y a collaboré. Un des complices
de Louis Bonaparte est devenu naturellement un
des paroliers d'Offenbach ; Morny a fait *M. Chou-
fleury* et je ne sais plus quelle autre ordure, et
il y a eu des soirs où le chef d'orchestre des
Bouffes-Parisiens avait pour bâton le manche du
balai qui avait balayé l'Assemblée. C'est alors
qu'on a assisté à des exhibitions et à des déhan-
chements de nudités sur des airs épileptiques
qui auraient intimidé la danse des ours. C'est
alors que, comme on avait réduit la presse
française au commérage, on a réduit l'art français au ballet. C'est alors que le vrai couronnement de l'édifice a été la fondation du nouvel
Opéra.

On sait ce qu'a produit ce gouvernement-là.
Un bastringue sur lequel un plafond s'écroulerait,
broyant les danseuses sous les danseurs, donnerait une idée de la fin de l'empire. La France
est encore à moitié prise sous les décombres ;
elle s'en arrache douloureusement, sanglante
et mutilée, et ne sachant pas si elle revivra.
Le jour de l'écroulement, il n'y a eu qu'un cri :
— Ne recommençons pas !

Ce jour-là, tout le monde a compris qu'il fallait tout renouveler, faire le contraire de ce que l'empire avait fait. Il ne s'agit ici que du théâtre. On a compris que le théâtre, qui avait été pendant vingt ans un instrument de démoralisation, devait être désormais un instrument de moralisation. On s'est dit qu'au théâtre qui chante et qui danse il fallait substituer le théâtre qui parle et qui fait penser. On s'est dit qu'il y avait là une urgence ; que la France avait absolument et immédiatement besoin d'un théâtre qui la redressât vers le grand, vers le beau, vers le vrai, vers tout ce que l'art enseigne ; qu'il était temps que le charivari fût remplacé par la parole et les maillots du ballet par les ailes de l'idéal ; qu'il y avait MM. Offenbach, Hervé et Lecoq, mais qu'il y avait aussi Corneille, Molière, Victor Hugo, et bien d'autres, morts ou vivants ; et qu'il fallait à la France un grand théâtre où elle se referait une âme avec l'âme de ses grands poëtes.

Et alors... on a terminé l'Opéra.

Chantez, dansez. Nous continuons l'empire au théâtre comme dans l'administration. C'est ainsi qu'on refait l'âme de la France.

Comme littérature, nous avons la Porte-Saint-Martin, où l'on peut voir pour dix francs un éléphant qu'on verrait pour rien au Jardin des plantes ; l'Odéon, qui a été pendant six mois un chenil ; le Théâtre-Lyrique, qui est un chenil encore maintenant ; et le Théâtre-Français, qui tire sa recette du jeu en ne représentant rien de neuf et en se faisant un jour succursale du Gymnase et un jour succursale de la Morgue !

Et ce qu'on voyait avant la guerre, on le revoit après la guerre. La musique partout. Musique à l'Opéra, musique aux Italiens, musique à l'Opéra-Comique, musique à la Gaîté, musique à la Renaissance, musique aux Folies-Dramatiques, musique aux Variétés, musique aux Bouffes-Parisiens. Sans compter le Conservatoire, les concerts Pasdeloup, les concerts du Châtelet, les concerts Frascati, les cafés chantants. Et comme l'Europe et le monde doivent nous respecter quand, le lendemain même de tant de désastres, *Orphée aux Enfers* a quatre cents représentations, et quand aux sanglots de l'Alsace et de la Lorraine nous répondons : Dzing ! dzing ! boum ! boum !

Ah ! il est temps que la République devienne la République, si l'on veut que la France redevienne la France !

Il y a un art dramatique où nous sommes les premiers. Quel drame l'Angleterre a-t-elle depuis

Shakespeare ? Quel drame l'Espagne a-t-elle depuis Calderon ? Quel drame l'Allemagne a-t-elle depuis Schiller ? Nous ne parlons pas de l'Italie, qui n'en a jamais eu. Seule, la France a, au dix-neuvième siècle, un drame égal aux plus grands. Cet art dramatique-là, que fait-on pour lui ? Rien. Il y a un art dramatique où nous ne sommes ni les premiers, ni les deuxièmes, ni les troisièmes. Pour cet art-là, on construit magnifiquement un théâtre qui serait beau si pour l'être il suffisait d'être riche et où l'on engouffre les millions sans compter.

Dans un autre temps, ce serait beaucoup de générosité de la part de la France de cacher l'art où elle a le premier rang et d'étaler l'art où elle est inférieure. Mais ce qui serait alors un excès d'hospitalité est maintenant autre chose. Ce n'est pas aux vaincus qu'il sied de se faire si humbles ; l'instant est mal choisi pour faire si bon marché de nous-mêmes, et le moment où l'étranger nous arrache deux provinces n'était pas le moment de faire les honneurs de notre théâtre à l'étranger.

Dans un autre temps encore, nous aurions été prêts à dire qu'il n'y a pas d'étranger en art, que le beau n'a pas de frontières, que tout grand artiste est compatriote de tous les hommes. Mais cet élargissement de la patrie n'est bon que lorsque la patrie est entière et tranquille. La patrie démembrée est plus farouche, et ne connaît que ses fils. Plus tard nous reviendrons à l'humanité. Aujourd'hui nous sommes à la France. Non ! ce n'est pas quand la France est vaincue, quand elle est accablée, quand elle est amputée, quand elle est humiliée, qu'il fallait dépenser soixante millions pour montrer que la France n'a pas de musicien comparable à l'Italien Rossini, à l'Autrichien Mozart, au Danois Weber, au Bavarois Gluck, et que le plus grand musicien dramatique des temps modernes est le Prussien Meyerbeer !

Janvier 1875.

L

MANIN ET FRANÇOIS-JOSEPH

———

Il y a quelques semaines, Venise inaugurait le monument de Manin. Il y a quelques jours, Venise recevait la visite de François-Joseph. Quelle coïncidence! la fête de celui qui a défendu Venise et la présence de celui qui l'a bombardée! Et quel sujet de réflexions, Venise les acclamant tous les deux !

Il y a vingt-six ans, les choses se passaient autrement. L'Autriche faisait une autre entrée à Venise. Elle y entrait à coups de canon. Le bombardement n'aurait pas suffi, la famine s'y était ajoutée. Il fallut se rendre. Et pendant que l'Autriche entrait, Manin sortait. Nous l'avons vu en France traîner — non ! porter, et fièrement —

ce qu'il reste de la vie quand on n'a plus de patrie.

L'Autriche donc avait Venise. L'avait-elle? non. On n'a que les peuples qui consentent. Venise ne consentait pas. Les nations subissent, mais n'acceptent pas ces occupations violentes. Il y a, dans le beau livre qui s'appelle *Victor Hugo raconté par un témoin de sa vie*, une admirable peinture de l'Espagne lorsque, non pas la France, mais celui qui la violentait, commit sur l'Espagne l'attentat qui fut le commencement de sa fin : « Le convoi logeait chez les habitants, quand il y avait des habitants. Leur accueil était sombre comme la défaite et froid comme le ressenti-mient. Une servante vous montrait les chambres, la cuisine, les provisions, s'en allait, et vous ne la revoyiez plus. Vous ne voyiez jamais les maîtres. Ils avaient su qu'ils auraient à loger des Français, ils avaient fait préparer les chambres et la nourriture, ils ne devaient rien de plus. Au premier coup de marteau, ils se retiraient, avec leurs enfants et leurs domestiques, dans leur pièce la plus reculée, s'y enfermaient, et atten-daient, emprisonnés chez eux, que les Français fussent repartis. Vous n'entendiez ni un pas ni une voix. Les petits enfants même se taisaient, farouches. C'était le silence et l'anéantissement du sépulcre. La maison était morte. Rien de sinistre comme ce suicide d'une maison. »

A Venise, ce fut le suicide d'une ville. Pour les Autrichiens, tout cessa de vivre. Aucune porte ne leur était ouverte, et leurs invitations étaient considérées comme des injures. Le défilé de leurs régiments faisait fermer les volets. Les places où il y avait foule, aussitôt qu'y arrivait leur musique, se vidaient. Et ils avaient beau être maîtres, commander, faire ce qu'ils voulaient, ils ne possédaient pas Venise, ils ne violaient que son cadavre.

Et à quoi bon ces voies de fait d'un peuple sur un autre? Est-ce que cela peut durer? Est-ce qu'il ne vient pas toujours un moment où, quoi qu'on fasse, les peuples se reprennent? Qu'est-ce que l'Autriche a gagné à forcer Venise, à éventrer ses maisons, à y tenir garnison, à y mal dormir, à s'y réveiller en sursaut toutes les nuits et à écouter s'il n'y avait pas un bruit d'insurrection? Qu'est-ce qu'elle a gagné à faire s'entrehaïr des peuples qui, on vient de le voir, ne demandaient qu'à s'aimer? Nous comprenons que Venise ait bien reçu l'autre jour celui qui avait été son maître et qui n'était plus que son hôte. L'empereur d'Autriche faisait preuve d'intelligence, et même d'une certaine grandeur, en acceptant l'hospitalité d'une ville qu'il avait crue à lui, et en renouvelant ainsi, de sang-froid, la restitution qu'il en avait faite dans un moment de péril. Nous souhaitons que la réconciliation entre l'Autriche et l'Italie soit sérieuse et durable. Mais alors pourquoi avoir pris ce qu'on devait rendre? pourquoi avoir commencé par faire s'entrebattre ceux qu'on devait finir par faire s'entr'aider? Le bénéfice que l'Autriche en a tiré, c'est que, le jour où elle a eu une querelle avec un autre peuple, elle n'a pas suffi contre deux; qu'elle a été battue; que non-seulement elle a dû lâcher Venise, mais que ce qu'elle avait fait aux autres on le lui a fait à elle, et que, pour avoir démembré l'Italie, elle a été démembrée par la Prusse.

Que cet exemple soit notre espérance. Nous aussi, nous avons notre Vénétie et notre Milanais. Nous aussi, nous avons deux provinces tombées au pouvoir de l'étranger. L'Alsace et la Lorraine non plus ne consentent pas. On les retient de force, on les brutalise, on leur impose silence, elles se taisent, mais elles se souviennent. On bâtit des forteresses terribles, on dresse des batteries épouvantables, l'empereur d'Allemagne fait à Metz et à Strasbourg tout ce que l'empereur d'Autriche faisait à Venise et à Milan. Et le résultat de tout ce que l'empereur d'Autriche a fait à Venise et à Milan, est que Venise et Milan sont à l'Italie.

Il y a vingt-six ans, l'Italie était ce qu'est la France aujourd'hui, vaincue, gisante, mutilée. Et l'Autriche était ce qu'est aujourd'hui la Prusse, victorieuse, hautaine, redoutée. A présent, c'est l'Italie qui est forte et c'est l'Autriche qui est faible. Il y a vingt-six ans, deux hommes se disputaient une ville; l'un, après une lutte héroïque, était réduit à s'en aller mourir en exil, l'autre s'emparait de la ville et en prenait possession pour toujours. Une double manifestation vient de remettre ces deux hommes face à face dans la même ville : celui qui en était chassé y est chez lui, et celui qui y régnait y est un passant.

Avril 1875.

LI

L'ALLEMAGNE ET L'EUROPE

—

L'appétit vient en mangeant. La Prusse, depuis une dizaine d'années, a mangé un morceau du Danemark, puis un gros morceau de l'Autriche, puis elle nous a mangé deux provinces et cinq milliards. Il est donc naturel qu'elle ait appétit, de nous et des autres. La modération de langage qui sied aux vaincus nous interdit de comparer les Prussiens à des loups, et nous espérons bien que nous n'en sommes pas encore à n'être que des agneaux; mais il semble résulter d'une réponse de lord Derby au comte Russell que la Prusse aurait essayé de recommencer avec nous la fable du loup et de l'agneau.

C'était nous qui troublions l'eau. C'était nous qui menacions la paix européenne. C'était nous qui avions appétit de l'Allemagne. C'était nous qui, depuis nos désastres, n'avions pas eu une autre pensée que de recommencer la guerre et avions employé toutes nos forces et toutes nos minutes à notre organisation militaire. C'était nous qui allions, un de ces matins, nous ruer tout à coup, armés formidablement, sur cette pauvre Allemagne innocente et désarmée. Il était bien légitime que cette pauvre Allemagne ne nous laissât pas accomplir ce projet criminel, et qu'elle prît contre nous la précaution que le loup prend contre l'agneau, c'est-à-dire qu'elle nous mangeât.

Hélas! l'Europe sait assez, comme nous le savons trop, que ce n'est pas à préparer notre revanche que nous avons employé les années dont nous commençons à peine à sortir. L'Europe sait que ce n'est pas notre réorganisation militaire, ni intellectuelle, ni morale, ni sociale, qui a été la préoccupation de ceux qui ont eu la France dans les mains. L'Europe sait que les années qui auraient pu, qui auraient dû, être utilisées à faire l'avenir, ont été misérablement perdues à essayer de refaire le passé. L'Europe le sait si bien que, quand l'Allemagne a dit le contraire, l'Angleterre et la Russie l'ont regardée d'une façon qui l'a empêchée d'insister.

Le gouvernement anglais a nettement répondu à l'Allemagne que la France n'avait donné aucun prétexte d'agression, et il a non moins nettement ajouté que : par politique de non-intervention, l'Angleterre n'entend pas politique passive, et qu'on se tromperait « en supposant que l'Angleterre soit ou puisse être indifférente au maintien de la paix ». Nous ne savons pas quelle a été la réponse du gouvernement russe, mais le résultat prouve qu'elle a dû être la même que celle du gouvernement anglais. Il ressort de cette double réponse deux choses : la première, que la Russie et l'Angleterre ne trouvent pas que la France soit trop forte ; la seconde, qu'elles trouvent que l'Allemagne l'est assez.

Les victorieux abusent aisément de leur victoire, non-seulement avec leurs vaincus, mais avec tout le monde. Ils sont naturellement portés à dire aux uns : si vous bougez, je recommence ; et aux autres : prenez garde que je ne vous en fasse autant. Tout récemment encore, le gouvernement allemand parlait à la Belgique, et un peu à l'Angleterre, du ton dont les maîtres parlent aux serviteurs. Ce que ces allures produisent dans un temps donné, un empereur français, qui avait été tout aussi victorieux que l'empereur allemand, en a fait, au commencement du siècle, et nous en a malheureusement fait faire avec lui, la rude expérience.

Y aurait-il encore une Europe? On a pu en douter en 1870, lorsque la Prusse a pris, sans que personne lui fît la moindre objection, un accroissement tel qu'à l'heure qu'il est son froncement de sourcil suffit à inquiéter le monde. On peut l'espérer depuis que la Russie et l'Angleterre ont fait aux communications de l'Allemagne l'accueil qu'a dit le chef du Foreign Office. Quant à la France, elle ne.peut que remercier l'Angleterre et la Russie d'avoir pris son intérêt, qui d'ailleurs est leur intérêt à elles-mêmes. Mais, sans méconnaître le service qu'elles nous ont rendu en s'opposant à une injustifiable agression, nous aimerions mieux n'avoir pas eu besoin qu'elles nous le rendissent. Nous avons perdu des années, ne perdons plus un mois, ne perdons plus une heure. Ceux qui depuis deux ans étaient au pouvoir n'avaient qu'une idée : défaire la République. Que ceux qui sont au pouvoir maintenant n'aient qu'une idée : refaire la France. Être protégé par les autres est bon ; se protéger soi-même est meilleur. La plus digne et la plus sûre manière de n'être pas attaqué est d'être en état de se défendre.

Juillet 1875.

LII

RÉPONSE SIMULÉE

———

Le ministre des affaires étrangères de Belgique a dit hier ceci :

« A part la proposition de simuler une réponse de l'archevêque de Paris, proposition que l'administration belge avait cru devoir écarter, et que S. E. M. de Balan condamna énergiquement, à son retour à Bruxelles, la légation d'Allemagne n'indiqua pas une mesure qui ne fût aussitôt prise, elle ne formula pas une demande à laquelle il ne fût immédiatement satisfait. »

D'où il résulte la constatation de ce fait :

Il s'était trouvé un Belge, — nous ne dirons pas ultra-catholique, n'ayant pas pour habitude de rendre toute une religion solidaire d'un fanatique, nous nous contenterons de dire ultra-imbécile, — qui s'était avisé d'écrire à l'archevêque de Paris pour lui offrir de traiter M. de Bismarck comme Ravaillac a traité Henri IV et comme Jacques Clément a traité Henri III. Supposons qu'un individu vous fasse une offre analogue : vous le recevriez rudement; vous lui feriez comprendre que l'assassinat n'est pas seulement un crime, que c'est encore une bêtise, que l'assassinat perpétue les idées qu'il croit tuer, qu'il ne tue même pas l'homme, qu'il l'immortalise, et qu'il n'y a pas d'auréole plus durable à une tête que l'auréole du sang; et vous enverriez cet individu se faire pendre ailleurs. L'archevêque de Paris ne crut pas que ce fût assez. Il dénonça Duchesne à la Belgique, qui le dénonça à l'Allemagne. De là une délibération entre l'administration belge et la légation allemande. Dans cette délibération, la légation allemande proposa de « simuler une réponse de l'archevêque de Paris ».

Le ministre des affaires étrangères a bien ajouté que l'ambassadeur d'Allemagne, à son retour à Bruxelles, avait condamné énergiquement cette proposition. Nous ne nous permettrons pas de faire observer qu'au moment où l'ambassadeur d'Allemagne l'a énergiquement condamnée, elle avait été déjà « écartée par l'administration belge ». Nous nous bornerons à noter que, si énergiquement qu'elle ait été condamnée par l'ambassadeur, elle n'en a pas moins été faite par la légation.

Notez qu'il n'est pas démontré que le projet de Duchesne eût un caractère sérieux (« en supposant qu'il eût un caractère sérieux, » a dit le ministre des affaires étrangères); que ce pouvait être une de ces velléités qui traversent les cerveaux malsains et qui n'y reviennent plus; que Duchesne pouvait avoir écrit sa lettre après boire ou dans un paroxysme; que, son projet eût-il été sérieux, il avait dû y renoncer en ne recevant pas de l'archevêque de Paris l'encouragement qu'il avait espéré. On avait deux polices pour le surveiller; il était facile de ne pas le perdre de vue et de l'arrêter au premier geste. La légation allemande a trouvé mieux : ç'a été de l'encourager, de le pousser de l'intention à l'action, de faire du gouvernement belge et du gouvernement allemand deux agents provocateurs, de « simuler une réponse », c'est-à-dire de faire un faux.

Nous sommes vaincus; nous sommes mutilés; nous sommes et nous serons longtemps encore pâles de tout le sang que nous avons perdu; ce n'est pas sans une grande patience et sans de grandes précautions que la France redeviendra la France. Le patriotisme nous retiendra donc d'exprimer les réflexions qu'inspire la proposition que l'administration belge a dû écarter.

Nous ne dirons qu'une chose. Les Allemands ont l'habitude de présenter la France comme la grande corrompue et la grande corruptrice, et l'Allemagne comme la gardienne de la morale et la vestale de l'austérité. Nous savons ce qu'on peut, et surtout ce qu'on a pu, reprocher à la France. Ce n'est pas impunément qu'une nation a subi vingt ans d'empire. Pendant vingt ans, un seul homme a eu la parole, et il a dit: « Ne vous occupez pas de politique; gagnez de l'argent; jouez à la Bourse, soupez, amusez-vous; le reste me regarde. » Les deux Chambres étaient ses antichambres. On sait quels étaient les journaux qui tenaient le haut du trottoir. Ce n'est pas nous qui nierons l'action pestilentielle de ces années maudites, et la République même mettra du temps à réparer complétement le mal que l'empire a fait au caractère français. Mais, même tels que l'empire nous a faits, nous ne croyons pas qu'aucune de nos légations ait jamais proposé de « simuler une réponse », et nos vainqueurs pourront prêcher contre notre dépravation autant que ça leur fera plaisir, ils comprendront eux-mêmes que, si nous avons besoin de leçons de vertu, nous n'allions pas en prendre à Berlin.

LIII

LA FRANCE

———

Parce que la France avait été précipitée par
un gouvernement idiot dans le piége que depuis
longtemps lui tendait la Prusse; parce que, sans
canons, sans fusils, sans munitions, sans généraux, sans alliés, sans rien ni personne, elle avait
été frappée, volée, mutilée; parce que sa colère
d'avoir été vendue et livrée s'était exaspérée jusqu'à la guerre civile, et qu'elle avait élargi elle-
même, hélas! les affreuses blessures que lui avait
faites l'ennemi; — les nations s'étaient plu à la
croire morte, et avaient mal dissimulé leur joie
d'être enfin débarrassées de cette France à qui la
plupart d'entre elles doivent d'être ce qu'elles
sont, et sans qui les peuples chercheraient encore

leur route à tâtons dans l'abominable nuit du moyen âge.

Donc, lorsque nous avons dû payer la première partie de la dure rançon à laquelle nous avions été condamnés par la Prusse et par l'empire, et qu'il a fallu emprunter deux milliards, — ce qui alors semblait quelque chose, — les nations nous ont laissés nous en tirer comme nous pourrions. Celles qui nous devaient peut-être quelque reconnaissance n'ont pas été différentes des autres. L'Italie a oublié qu'il y avait eu deux batailles appelées Magenta et Solférino, et l'Amérique ne s'est pas souvenue qu'il avait existé deux hommes nommés Lafayette et Rochambeau. Toutes ont fermé leur caisse à triple tour, et ont regardé ce que nous allions devenir, avec la vague espérance que nous ne trouverions pas le quart de la somme exigée ; que, par conséquent, la Prusse s'approprierait les départements qu'elle avait en gage, et qu'elles pourraient dire de la France ce qu'on a dit de la Pologne : *Finis Galliæ!*

Mais la France, abandonnée du monde, s'est passée du monde. Seule, ç'a été assez. Elle a frappé son sol du pied, et il en est sorti, non pas deux milliards, mais quatre !

Alors, les nations ont reconnu que la France n'était pas morte, ni mourante, et, n'ayant pas réussi à la tuer, elles se sont résignées à l'aider à vivre. C'est pourquoi, cette fois, les capitaux étrangers ne sont pas restés au fond des coffres ; ils en sont sortis bruyants et innombrables ; les chiffres énormes sont accourus de tous les points du globe ; l'histoire n'a pas assisté souvent à un spectacle plus mémorable que celui de cette caravane de milliards se rendant à cette Mecque, Paris !

Quelle nation, celle qui, dans l'état où est encore la France, au surlendemain de la guerre étrangère et au lendemain de la guerre civile, ayant aux flancs ces deux plaies encore béantes, démembrée, occupée, sous le genou et sous le sabre de l'Allemagne, inspire au monde entier et à ses meurtriers eux-mêmes cette foi en son immortalité ! Si le premier emprunt, couvert deux fois, a redonné au monde cette idée de la France, quelle idée va donc lui en donner le second emprunt, couvert treize fois !

O grande France, vaincue aujourd'hui, victorieuse demain, France assassinée et plus vivante que les assassins, nous n'avons pas eu besoin, nous tes fils, du succès de tes deux emprunts pour ne pas désespérer de ton lendemain. Ni quand l'empire a rendu Sedan, ni quand il a vendu Metz, ni quand Paris n'a pu sauver que ton honneur,

ni quand l'Assemblée de Bordeaux a jeté aux
dents de l'ennemi ces deux morceaux de ta chair,
l'Alsace et la Lorraine, nous n'avons cessé de
croire en toi, de te respecter, de te vénérer, et
nous, les républicains, qui ne plions le genou
devant aucun homme, roi, czar, ni pape, toujours
nous nous sommes agenouillés devant toi, patrie,
et toujours, mère adorée, nous avons baisé avec
autant d'admiration que de tendresse tes pieds
saignants et sacrés !

Août 1872.

LIV

LA LOI MILITAIRE

———

Il y a vingt-trois ans, un rendez-vous solennel réunissait à Paris des citoyens venus de tous les points du globe, des représentants de tous les pays et de toutes les religions. Pendant quatre jours, ces citoyens se parlèrent, et la foule s'entassait pour les entendre. Ils se disaient : « que la guerre était une chose abominable ; qu'il fallait qu'elle cessât ; qu'elle cesserait ; que cela paraissait une chimère, mais que si, au quinzième siècle, quand on se battait de province à province et de ville à ville, quelqu'un avait dit aux Normands qu'un jour viendrait où ils ne se battraient plus avec les Picards, où il

n'y aurait plus en France que des Français, où
les contestations ne se résoudraient plus par les
fauconneaux et par les combats, mais par les bulletins et par les discussions, et où, au lieu de
monter à l'assaut, on monterait à la tribune, si
quelqu'un avait dit cela au quinzième siècle, on
aurait traité de chimère — ce qui était maintenant une réalité; qu'il n'y avait pas de raison
pour que le progrès s'arrêtât en route et pour que
ce qui avait pu se faire entre les membres d'une
même nation fût impossible entre les nations,
qui sont les membres d'une même humanité;
et qu'un jour viendrait où la guerre paraîtrait
aussi absurde entre Paris et Londres ou entre
Vienne et Berlin qu'elle le paraissait à présent
entre Amiens et Rouen; où, comme la Picardie,
la Normandie, la Provence, le Dauphiné, l'Au-
vergne n'étaient plus que la France, — l'Angleterre, l'Allemagne, l'Italie, la Russie, l'Espagne
ne seraient plus que l'Europe; où les contestations qui se résolvaient en rase campagne à coups
de canon se résoudraient à coups de vote dans
un parlement central qui serait à l'Europe ce
qu'était à l'Angleterre la Chambre des communes
et à la France la Chambre des représentants;
que cette chimère-là aussi deviendrait une réalité, et qu'on en finirait avec le massacre de

l'homme par l'homme, et que la barbarie avait fait son temps, et que le moment approchait où l'on montrerait un canon dans les musées comme on y montrait déjà un instrument de torture ! Et les envoyés de toutes les nations applaudissaient à cette promesse de la fraternité universelle. Et l'on sentait que tous les hommes sont compatriotes et que toute guerre est une guerre civile. Et l'on croyait voir les États-Unis d'Amérique tendre la main par-dessus les océans aux États-Unis d'Europe. Et les religions même désarmaient, le catholicisme et le protestantisme se demandaient pardon, et un mot de Victor Hugo sur la Saint-Barthélemy jetait l'abbé Deguerry dans les bras du pasteur Coquerel. Et il semblait qu'on sortît enfin de cette horrible nuit du passé, et qu'on vît se lever à l'horizon la grande aurore.

Il y a trois ans, deux hommes, l'un au château de Saint-Cloud, l'autre aux bains d'Ems, se demandaient ce qu'ils pourraient faire, le premier pour rester empereur, le second pour le devenir. Et celui d'Ems se disait qu'il lui faudrait un morceau de la France à donner à la Prusse, et celui de Saint-Cloud se disait qu'il lui faudrait un morceau de la Prusse à donner à la France. Pendant que les « révolutionnaires » rêvaient la concorde universelle, pendant que les littératures fraternisaient, pendant qu'un fils de Hugo traduisait Shakespeare, pendant que Dante, Cervantès, Byron, Gœthe et Schiller étaient les hôtes de la France et que nos poëtes à nous francisaient le monde, pendant que les ouvriers complétaient ce que les écrivains avaient commencé et que l'Internationale faisait de tous les travailleurs une famille, pendant que nous cherchions tous à faire s'entr'aimer et s'entr'aider les hommes, — un empereur et un roi cherchaient à les faire s'entr'égorger. C'est à cela que servent les princes.

Le nôtre, au moment où il voulait la guerre, où il la déclarait! n'avait ni canons, ni munitions, ni équipement, rien. Les Prussiens sont entrés comme chez eux. Ils ont pillé, incendié, tué, assassiné à leur plaisir. Et Guillaume a pu jeter à l'appétit du peuple allemand un quartier saignant de la France. Alors le peuple allemand lui a léché les pieds.

Et, à l'heure qu'il est, le peuple d'Allemagne et le peuple de France ont entre eux un fleuve de sang et une montagne de cadavres. Tous se disent que l'affaire n'en restera pas là, qu'il y aura un lendemain, et que cette guerre affreuse produira une guerre effroyable. Il aurait un beau succès dans ce moment, le Congrès de la Paix de 1849 ! L'intérêt est pour les fabriques de cartouches et pour les fonderies de canons. On ne va plus vers l'union, vers l'entente, vers l'embrassement, on retourne à la haine et à la fureur; la civilisation recule brusquement et rejette l'avenir en plein moyen âge. Je calomnie le moyen âge; il n'entre-choquait qu'une partie d'un peuple ; ça ne valait pas la peine de tuer ; maintenant ce sera un peuple tout entier contre un peuple tout entier; le massacre se fera en grand. Et voilà le progrès que la monarchie a fait faire à l'Europe en vingt-trois ans. Il y a vingt-trois ans, le Congrès de Paris rêvait le désarmement; aujourd'hui, l'Assemblée de Versailles — et ce n'est pas cela que je lui reproche — organise la levée en masse.

On disait : il n'y aura plus de soldats ; on dit : il n'y aura plus que des soldats. On ébauchait le parlement européen ; on prépare la guerre européenne. L'aspiration était la fraternité universelle ; l'idéal actuel est d'universaliser le fratricide et que la France ait, comme l'Allemagne, son million de Caïns !

Soit.

Nous sommes pour le service obligatoire. Il faut que la France soit forte. Nous croyons

qu'elle aurait pu avoir une autre force que
celle-là. La première République française a tenu
tête à l'Europe coalisée : c'est qu'elle était mieux
qu'une armée, elle était la Révolution. La République de 1792 a été la Révolution politique ;
celle de 1870 aurait pu être la Révolution sociale.
Mais cela n'était pas possible avec l'Assemblée qui
a voté la loi sur l'Internationale. A défaut de la
force morale, ayons au moins la force matérielle.
Oui, tout le monde soldat! Il ne faut pas que ce
qui est arrivé puisse se reproduire, et qu'on soit
écrasé par le nombre avant d'avoir eu le temps
de s'armer. Il ne faut pas que, la prochaine fois,
ce soit encore la bataille d'une nation contre
personne. Peuple contre peuple! et on verra si
le peuple de France en vaut un autre ! Debout,
tous! Les mères seront tristes, mais elles comprendront la nécessité du sacrifice, et elles offri-
ront leurs fils, et elles diront à la patrie : « Prends-
les, tu es la grande mère ! »

Mais qu'en les offrant avec la poignante fierté
du devoir accompli, elles en haïssent ceux qui
les contraignent à cet arrachement, ces empereurs, ces rois, ces princes qui, pour durer ou
pour s'accroître, condamnent les hommes à
mourir et à tuer! Ils n'ont pas assez du sang
qu'ils ont versé depuis le commencement du

monde, des générations qu'ils ont fauchées, des millions d'êtres qui étaient nés pour vivre, pour penser, pour travailler, pour être heureux, qui étaient des intelligences et des consciences, et dont ils ont fait de l'engrais ; ils n'ont pas assez de sentir sous leurs pieds un tressaillement irrité du sol et, s'ils penchent l'oreille, d'entendre leurs morts leur redemander les années de jeunesse, d'amour et de famille auxquelles leur âge avait droit; ils n'ont pas assez de la haine des morts... — Ah ! que toutes les mères fassent teter à tous les nouveau-nés l'horreur de ces princes par qui cette tête blonde qu'elles couvrent de baisers, ces lèvres roses, ces fraîches joues, ces jolis corps, ces petites mains, ces petits pieds, sont de la chair à canon, et qu'avec la malédiction des tombes ils aient la malédiction des berceaux !

Juin 1872.

LV

LE DÉPART DES RÉSERVISTES

La loi du service obligatoire vient d'être appliquée pour la première fois. Les réservistes, — puisque c'est le nom barbare qu'on leur donne, — les réservistes de la classe de 1867 viennent d'être appelés à participer aux grandes manœuvres qui vont avoir lieu dans un certain nombre de corps d'armée.

Tous partent virilement. Tous pensent à la patrie saignante et menacée. Ils ne partent cette fois que pour quelques semaines et que pour un simulacre de guerre. Ce serait pour un temps indéfini et pour la guerre vraie que tous encore feraient leur devoir. Mais s'ils ont leur devoir, nous avons le nôtre. Ils ne doivent penser qu'à la France; nous devons, nous, penser à eux.

Nous devons penser à tous ceux qu'ils laissent et à tout ce qu'ils laissent, à leur famille, à leur carrière interrompue, à leurs affaires abandonnées, à leur place que d'autres solliciteront. Personne n'admettra qu'à leur retour ils trouvent leur place prise, leur boutique désachalandée, leur avenir perdu, leurs enfants sans pain.

Tout le monde doit se préoccuper du trouble que va produire l'application de la loi à laquelle nous ont condamnés les empereurs. Le gouvernement a fait annoncer, un peu tard, qu'on songeait, au ministère de l'intérieur, à venir en aide aux familles nécessiteuses qui auraient de la peine à subvenir à leurs besoins en l'absence de leurs chefs. Un conseil municipal a voté des secours aux femmes et aux enfants que les absents ne nourriront plus, et nous espérons que tous les conseils municipaux en feront autant. Des administrations ont promis de conserver leurs places à leurs employés appelés. La Banque leur payera, pendant leur absence, la moitié de leurs appointements ; la Société générale leur payera leurs appointements tout entiers. Il faut que cet exemple soit suivi par les compagnies des chemins de fer, par les maisons de commerce, par les usines, etc. Il faut que les boutiquiers retrouvent en revenant leur clientèle, augmentée.

Il faut que tout le monde y mette un peu du sien, et que, pendant que celui qui part s'occupera des frontières, ceux qui ne partent pas s'occupent de sa famille et de ses intérêts. Ce sera leur manière de contribuer aussi à la sécurité de la patrie.

Qu'on ne puisse pas dire que les absents ont tort, quand c'est pour le salut public qu'ils sont absents. Il n'y a pas là seulement une question d'humanité, il y a une question de justice. Il est nécessaire que la patrie soit défendue, mais il est impossible qu'il en résulte une déchéance pour ses défenseurs. Il serait monstrueux que ceux à qui l'on dirait : « Pourquoi as-tu perdu ta place? pourquoi es-tu ruiné? pourquoi tes meubles ont-ils été saisis? pourquoi as-tu fait faillite? pourquoi ta petite fille est-elle en haillons? » pussent répondre : « Parce que j'ai servi mon pays! »

Août 1875.

LVI

LES INONDATIONS

On s'entre-hait; on se rue peuple sur peuple;
quand ce n'est pas la guerre, c'est la guerre
civile; le duel croise les épées; le crime et la loi
tuent; on s'entr'arrache l'argent, le pouvoir, la
gloriole, tout... — Et brusquement, sur cette
mêlée à outrance, une nouvelle sinistre éclate :
une épidémie qui a dépeuplé un faubourg, un
tremblement de terre qui a englouti une ville,
une inondation qui a noyé un département. La
nature, qu'on oubliait, rappelle terriblement
qu'elle existe, et qu'on n'a pas besoin pour souffrir de s'entre-déchirer, et qu'on n'a pas besoin
de s'entre-tuer pour mourir.

Quand on a appris l'inondation du Midi, tous

n'ont eu qu'un cri : les malheureux! Un seul
parti en a eu un autre. Il a crié, lui : les misérables! Oui, il s'est trouvé un parti pour dire
que les inondations sont un juste châtiment et
que ceux qui en souffrent les ont bien méritées.
Il y a en ce moment de pauvres gens qui n'avaient
au monde qu'une misérable masure et qui ne
l'ont plus; il y a des vieillards sans toit, sans
pain, sans rien; il y a des mères qui appellent
leur fils et à qui leur fils ne répondra pas; il y a
des petits enfants qui redemandent leur mère et
qui pleurent. Il s'est trouvé en France un journal pour dire à ces pauvres gens, à ces vieillards,
à ces mères et à ces petits enfants : — C'est bien
fait !

C'est bien fait! Ça vous apprendra à être en
République! ça vous apprendra à être les fils de
ceux qui ont proclamé les Droits de l'homme!
ça vous apprendra à être du pays de la Révolution! ça vous apprendra à être Français, au lieu
d'être ultramontains comme nous! ça vous
apprendra à ne pas vouloir que la France ait
pour capitale le Vatican ! Hier l'invasion, aujour-
d'hui l'inondation. C'est bien fait!

Ce n'était pas seulement odieux, c'était stupide. Car voici deux nations, la France et l'Allemagne. Comment se comportent-elles envers le

cléricalisme ? La France — la France officielle et parlementaire —lui abandonne tout. Oui, certes, la France a été la fille aînée de la Révolution, et elle le redeviendra ; mais, à l'heure qu'il est, le cléricalisme est maître. Il fait ce qu'il veut; il bâtit une église à Marie Alacoque ; il met la main sur l'enseignement supérieur ; il organise des pèlerinages où l'on chante : *Sauvons Rome et la France* (Rome d'abord, la France après, s'il en reste); il propage la foi à l'apparition immaculée de Mlle Lamerlière, aux miracles à cinquante centimes le litre du berger Maximin, aux procès véreux qu'on gagne en donnant quarante sous à un chanoine. Et pendant que le pays de Rabelais et de Voltaire en est là, l'Allemagne, elle, ferme les églises, jette les évêques sur le pavé et, s'ils se fâchent, en prison, soufflette le pape sur les deux joues de son clergé, et décide que désormais c'est l'empereur qui sera le pape. Eh bien, entre ces deux nations, laquelle le Dieu des cléricaux choisit-il pour la frapper ? La France. Il lui inflige, le lendemain de l'invasion, cette autre invasion d'un fleuve. Il laisse l'Allemagne victorieuse, hautaine, prospère, riche de nos milliards. Il protége le pays où ses prêtres sont persécutés, et il écrase le pays où ils sont maîtres. Dieu stupide, qui vous récompenserait de l'outrager et qui vous punirait de le servir!

Détournons-nous de ce triste parti qui n'est pas moins funeste à la religion qu'au patriotisme et qui insulte Dieu autant que la France. A part les ultramontains, tous n'ont vu dans les inondations que ce qu'elles sont : un affreux malheur. Tous ont eu dans le cœur un seul sentiment : un ardent besoin de venir en aide à tant d'infortunés.

Sur le lieu du désastre, l'élan a été sublime. La population et l'armée ont lutté de dévouement et de courage. Deux officiers du 59e de ligne ont sauvé plus de vingt personnes réfugiées dans les arbres des allées de Garonne en montant aux branches, en prenant un à un les naufragés sur leur dos et en les emportant, à travers l'affreuse violence du courant, jusqu'à un bateau où ils étaient en sûreté. Un pauvre batelier, avec quelques vaillants comme lui, a sauvé plus de quatre cents existences. Combien d'actes pareils on pourrait citer! Combien de braves gens ont risqué leur vie à sauver celle des autres! Combien, hélas! l'y ont perdue! Mais s'il y a jamais eu une mort héroïque et qui ne veuille pas être pleurée, c'est la leur.

Et les souscriptions! Ouvriers et bourgeois, villes et campagnes, la nation entière n'a eu

qu'un cœur. De toutes les souscriptions, celle de
Paris a été et devait être la première et la principale. Car on aura beau calomnier Paris, on ne
l'empêchera pas d'être toujours, argent ou idées,
la ville qui donne. Paris, si éprouvé lui-même,
mal remis des deux siéges, bombardé deux fois,
décimé, a oublié ses blessures pour répondre à
l'appel de cette profonde catastrophe. Le palais
et l'atelier, l'hôtel et la boutique, tout s'est ému.
Un comédien a montré l'exemple aux princes,
et a mérité d'être applaudi au point que, lui qui
d'ordinaire fait rire, cette fois on l'a fait pleurer.
Et que dire de ces longues files de travailleurs
qui se pressaient aux guichets avec leur humble
offrande? O généreux peuple de Paris! Ah! tous
ont donné, et nous ne voulons certes pas diminuer le mérite des riches, ils ont fait leur devoir
comme les pauvres; mais s'il y a un don touchant entre tous, n'est-ce pas celui du travailleur qui prend sur son nécessaire ce que les
autres prennent sur leur superflu? Nous sommes
sûrs que ceux qui ont le plus donné ne nous en
voudront pas de le dire. Le don le plus magni-
fique, ce n'est pas vos cinq mille francs, monsieur Berthelier, ce n'est pas vos six mille francs,
monsieur Bonnat, ce n'est pas vos cinquante
mille francs, monsieur Crémieux: c'est les vingt-

cinq centimes de la pauvre ouvrière qui gagne jour à jour de quoi ne pas mourir de faim et qui n'a peut-être pas soupé ce soir-là.

Non, tant que Paris vivra, personne ne sera seul. La Juliette de Shakespeare, dans l'enthousiasme de sa passion, dit que Roméo fait de la nuit le jour et que, lorsqu'il sera mort, « Dieu n'aura qu'à le couper en petites étoiles et il fera resplendir la face nocturne du ciel ». Cette phrase me revenait à l'esprit en contemplant dans les journaux démocratiques les innombrables petites sommes dont se compose l'énorme total de la souscription de ce Paris qui, lui aussi, fait de la nuit le jour. Et ces petites sommes me faisaient vaguement l'effet de « petites étoiles » en lesquelles se coupait l'admirable cœur de Paris et qui, de la nuit de ce vaste désastre, faisaient le grand jour céleste de la fraternité universelle.

Fraternité! c'est ce que nous crie l'inondation du Midi. Quelle sommation, ce cataclysme! Quel holà à nos divisions, à nos querelles de nation à nation et de parti à parti! Ce n'est pas seulement en France qu'on a souscrit, c'est aussi en Angleterre, en Suisse, en Belgique, aux États-Unis, au Mexique. Devant ces férocités des éléments, tous les peuples se sentent compatriotes et l'humanité devient une famille.

Ah! qu'il n'y ait pas là seulement un accès de pitié en commun, mais le commencement d'une entente durable! N'oublions plus que la nature est là, avec ses menaces incessantes, avec ses fléaux, avec ses maladies, avec ses pestes, avec ses débordements, et qu'elle n'a pas besoin que nous l'aidions contre nous, et qu'elle suffit à la besogne! Soyons bons, supprimons tout le malaise que nous pouvons, il en restera toujours bien assez!

Fraternité! Dans le vrai sens du mot. Dans le sens où les frères sont des égaux. Où le don n'est pas une aumône qu'on fait, mais une dette qu'on acquitte. Les calamités naturelles ne regardent pas à nos distinctions; elles frappent indifféremment le millionnaire et l'indigent, le puissant et l'opprimé, le prince et le travailleur. Tous sont sujets aux infirmités, à la vieillesse, aux coups de foudre. Qu'on ait sur les épaules une blouse ou un manteau royal, qu'on se coiffe d'une casquette, d'un chapeau ou d'une couronne, on n'en appartient pas moins à cette humanité venue elle ne sait d'où et allant elle ne sait où, et l'on n'en est pas moins certain d'une chose, c'est qu'on mourra, et que sous terre personne n'est différent de personne. Les catastrophes ont une impartialité terrible. On se sépare en classes. On dit : « Moi, je suis noble; moi, je suis bourgeois; moi, je suis ouvrier; moi, je suis paysan; moi, je suis soldat. » L'effrayante voix des grandes eaux intervient : — Vous êtes tous des hommes!

FIN.

TABLE

Pages.

———

Paris. — J. CLAYE, imprimeur, 7, rue Saint-Benoît. — [163]